智胜未来

兵棋推演大赛备赛指导

主审

王树坤

主编

杨艾军　杨海波

副主编

吴永明　宋　伟　宋　慧

编写人员

杨艾军　杨海波　吴永明
宋　伟　宋　慧　李现宇
严建宇　陈永科　丁　维
刘立稳　何　伟　王秀娟
汪　伟　汪　超　邹存滨

中国科学技术大学出版社

内 容 简 介

兵棋推演大赛是面向普通高校在校学生（限中国籍）、军队院校学员、部队官兵、军工企事业单位及军事爱好者的一项全国性赛事，也是一项具有鲜明军事科普特色的全国性国防教育主题公益赛事活动。该赛事包括校园赛、省赛和国赛，于2017年举办首届赛事。本书以兵棋推演大赛为依托，聚焦推动人工智能技术在新时代大学生群体中的普及与应用，详细介绍兵棋推演的发展历程、军事运用，兵棋推演大赛的组织与实施办法，兵棋推演系统的功能和"未来指挥官"平台系统的操作与使用方法，为大学生参加兵棋推演大赛提供有效的指导和帮助，实现提升大学生决策能力的目标。

图书在版编目(CIP)数据

智胜未来：兵棋推演大赛备赛指导/杨艾军，杨海波主编. —合肥：中国科学技术大学出版社,2023.6

ISBN 978-7-312-05660-4

Ⅰ.智… Ⅱ.①杨… ②杨… Ⅲ.图上作业—对抗性演习 Ⅳ.E13

中国国家版本馆CIP数据核字(2023)第097110号

智胜未来：兵棋推演大赛备赛指导

ZHI SHENG WEILAI：BINGQI TUIYAN DASAI BEI SAI ZHIDAO

出版	中国科学技术大学出版社
	安徽省合肥市金寨路96号,230026
	http://press.ustc.edu.cn
	https://zgkxjsdxcbs.tmall.com
印刷	合肥华苑印刷包装有限公司
发行	中国科学技术大学出版社
开本	787 mm×1092 mm 1/16
印张	13
字数	299千
版次	2023年6月第1版
印次	2023年6月第1次印刷
定价	60.00元

前　　言

"我们并没有生活在一个和平的年代,只是生活在一个和平的国家。"兵棋推演,作为一种战争设计和线上演练的实践活动,是在棋盘上的"虚拟演兵",其军事应用价值已经被大量战争实践所证明。"民族复兴少年之志",青年学生参与兵棋推演,既可以让他们认识战争、研究战争,又可以在计算机上体验战争、审视战争。在全国高校国防教育实践活动中推广普及兵棋推演赛事,既是厚植青年学生爱军精武精神的现实需要,也是为实现中国梦凝聚强大力量的时代要求,具有很强的现实意义。

为更好助力兵棋推演系列赛事的开展,本书系统梳理了赛事组织实施过程中的方案设计、操作规程、经验做法的相关文档,将为兵棋推演大赛的科学化、规范化组织及正规化运行提供参考。

本书作为兵棋推演大赛备赛指导用书,系统整合了兵棋推演基本知识、兵棋推演平台、兵棋推演大赛组织与实施过程等内容,旨在让组织、培训与参赛人员有章可循、有据可依。第一章主要介绍兵棋与兵棋推演的概念、特点、发展历程及重大意义。第二章主要介绍基于兵棋推演的运用拓展,即在军事领域和国防教育领域中的运用。第三章主要介绍竞赛平台系统操作与使用,为参赛者提供备赛指导。第四章介绍基于"未来指挥官"平台的兵棋推演活动组织与实施,为组织者提供参考。另外,本书精心选编了近几年兵棋推演比赛的文件、宣传报道以及优秀战报实例,为读者提供参考借鉴。

集思才能广益,本书是团队合作的结晶,既是大赛经验的总结与归纳，也是汇集众多"兵棋人"知识的知识资源库。感谢全国兵棋推演大赛的技术支持方——北京华成防务技术有限公司的授权和支持，是他们研发了优秀的平台；感谢优秀战报的作者及指导老师，是他们发扬了知识分享的精神，丰富了本书的内涵，为兵棋推演参赛者提供了宝贵的素材和经验。兵棋推演助推国防教育事业已经起航，未来需要我们每一位"兵棋人"勠力同心，共同前进。

编　者

目　　录

前言 ……………………………………………………………………（ⅰ）

第一章　兵棋推演概述 …………………………………………（ 1 ）
第一节　兵棋 ……………………………………………………（ 1 ）
第二节　兵棋推演 ………………………………………………（ 5 ）
第三节　兵棋推演的发展历程 …………………………………（ 8 ）
第四节　兵棋推演的重大意义 …………………………………（ 11 ）

第二章　基于兵棋推演的运用拓展 ……………………………（ 13 ）
第一节　军事领域中的运用 ……………………………………（ 13 ）
第二节　国防教育领域中的运用 ………………………………（ 20 ）

第三章　竞赛平台系统操作与使用 ……………………………（ 25 ）
第一节　竞赛平台下载安装 ……………………………………（ 25 ）
第二节　竞赛平台的条令规则 …………………………………（ 41 ）
第三节　竞赛平台系统的任务规划 ……………………………（ 51 ）
第四节　竞赛平台的推演实施 …………………………………（ 72 ）
第五节　战报拟制 ………………………………………………（ 78 ）

第四章　兵棋推演活动组织与实施 ……………………………（ 81 ）
第一节　竞赛想定编辑 …………………………………………（ 81 ）
第二节　兵棋推演的基本条件 …………………………………（112）
第三节　兵棋推演前的准备 ……………………………………（114）
第四节　兵棋推演实施 …………………………………………（117）

第五节　兵棋推演对抗期间心理训练 …………………………………………（125）

附录　兵棋推演实例选编 ………………………………………………………（133）
　　附录 1　文件实例 ……………………………………………………………（134）
　　附录 2　报道实例 ……………………………………………………………（139）
　　附录 3　战报实例 ……………………………………………………………（147）

第一章　兵棋推演概述

任何严谨的真科学都有其历史传承。兵棋并不是一个新事物，作为一门源远流长的古老技术当然也有其深厚的历史底蕴。世界公认最早的兵棋始于我国，《墨子·公输》中有迄今发现最早的兵棋推演用于实战分析并影响了战争进程的文字记载，《孙子兵法》则被认为是兵棋应用理论的鼻祖，如此算来，我国的兵棋历史距今已有 2000 多年。现代兵棋则起源于 19 世纪普鲁士军队，距今有 200 多年的历史，并且随着工业文明的发展而得到推广和普及。当前世界主要发达国家军队均以兵棋作为军队训练和作战模拟的工具，究其历史也有上百年以上了。因此，梳理兵棋的发展脉络，对于准确把握兵棋推演的相关理论问题和方法具有十分重要的作用。

第一节　兵　　棋

兵棋并不是一个新概念，作为一种作战模拟工具，兵棋拥有着悠久的历史。利用兵棋进行推演是指以科学技术为支撑，通过合理的组织布局、执行严谨的兵棋规则，实现推演过程和结果的合理性。

一、兵棋的概念

2011 年版《军语》中关于兵棋的解释为："供沙盘或图上作业使用的军队标号图形和表示人员、兵器、地物等的模型式棋子。"这不是我们要学习的兵棋，而是传统沙盘作业中使用的代表兵力的兵棋。

我们所称的兵棋是舶来的概念，是将引进外军的"wargame"概念翻译成"兵棋"。

美军著名兵棋设计师詹姆斯·邓尼根（James Dunnigan）在其 1977 年出版的《完全兵棋手册》中有一段话："如果你以前从未面对过兵棋，最简单的方式是把它想象成象棋，但其有更复杂的推演棋盘和更复杂的移动棋子对抗对手的方法。"这一表述非常形象，说明了我们研究的兵棋首先是一款棋，有像象棋一样的棋盘、棋子和行棋规则，只是比象棋更复杂一些。

为规范对兵棋的理解，我们给出一个兵棋的基本定义：兵棋是用棋子（算子）表现作战单位、用棋盘(分格地图)表现战场、用棋子在棋盘上的移动表现作战行动,根据战争经验把战场事件发生的概率编成裁决表,通过生成随机数并从裁决表中查取事件结果的方法来裁决行动结果的作战模拟工具。

二、兵棋的构成要素

兵棋首先是棋,因此,同其他棋具备棋盘、棋子和规则一样,兵棋也同样具备棋盘、棋子和规则等要素。与普通棋不同的是,兵棋模拟的是战争活动,棋盘、棋子和规则都要比普通棋复杂得多。为了模拟战场的随机因素,兵棋引入了随机数发生器。为了使兵棋推演的过程和结果与实际作战活动更加接近,兵棋引入了裁决表要素。因此,棋盘、棋子、规则、随机数发生器、裁决表是构成兵棋的五要素。

(一) 棋盘(六角格地图)——兵棋推演的模拟战场

棋盘是兵棋推演的虚拟战场,是兵棋推演的战场环境。兵棋推演最常用的棋盘是六角格棋盘(图1-1),目前可见到的战役兵棋均采用了这种棋盘。需要说明的是,六角格棋盘并不是唯一的兵棋棋盘,早期的兵棋直接使用平面直角坐标地图,现在有些战略性兵棋则使用类似于国境线的战略区分布地图作为棋盘。在战役战术级兵棋中之所以使用六角格地图,是因为一个六角格平面上能够连续拼接方向最多的正多边形。用它给棋子定位,向各方向

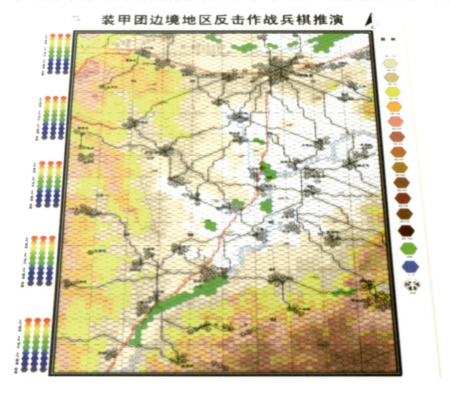

图1-1 棋盘示意图

的距离失真最小,最接近战场情况。不同的兵棋六角格的大小也不相同,如陆战分队级战术兵棋棋盘每格代表50米距离,而陆战合成战斗群兵棋棋盘每格代表200米距离,这些距离是根据不同的需求确定的。

与传统棋类游戏的棋盘相比,兵棋的棋盘复杂得多,这主要是因为兵棋地图是以地形图为依据的,不同的地形必然表现为不同的棋盘。根据兵棋推演想定所涉及地幅的大小,兵棋推演的棋盘大小也不同。兵棋地图要对战场环境要素进行格式化处理,格式化的内容主要是对军事人员分析判断战场条件有意义的内容,如地形起伏变化、道路、河流、丛林地、居民地等内容。对于可能对作战产生影响的地形要素也需要格式化处理,如可以对作战单位产生隐蔽作用的遮蔽地形和对机动产生影响的崎岖地形等。

兵棋地图设计的基本目的是格式化处理复杂的地形要素,并以最直观准确的方式呈现在军事人员面前。例如,兵棋棋盘对地形起伏的格式化借鉴了航空图分色渲染的方法,由低向高,渲染颜色逐渐加深,从而实现推演人员"一眼看出地形起伏变化"的目的,颜色变化的依据是地形图的等高线。兵棋棋盘对道路的描述是一个六角格中心点到另一个六角格中心点的直线连接,表示从某个六角格的指定方向进入另外一个六角格时有道路可行,因此,兵棋棋盘的道路是明确的折线。兵棋棋盘六角格代表实际距离的大小表示的是指挥员对战场地形关注的最小分辨率,一旦军事人员认为某个六角格具备什么特征,则整个六角格均量化为标识这种特征的图案或颜色,因此,兵棋地图上的高程颜色、居民地区域、丛林地区域均是满格表示。这种表示方法存在着一定的误差,最大误差值就是六角格代表的实际范围的大小,但从军事人员的角度看,这种误差是可接受的,其换来的是对战场地形的简化和标准化。

(二) 棋子(算子)——兵棋推演的作战力量

兵棋的棋子是模拟在棋盘上行动的兵力单元,其术语叫算子。算子是英文Counter(计数器)的中译名,标有行动单位的能力数值,其行动的结果取决于这些数值的大小。相对于传统棋类游戏的棋子,兵棋算子种类杂、数量多,很少见到算子少于100个的兵棋,这是由兵棋所代表兵力的种类多、武器装备类型多、编制序列多的特点决定的。兵棋算子大概分为两大类:第一类是代表兵力单元的算子,如坦克排、步兵班等;第二类是注记、标识类算子,如"压制""失火"及炮兵射击位置等算子。代表兵力单元的算子虽然标注内容与方法有所不同,但通常都包括三个要素:一是兵种及装备型号,二是编制序列,三是作战能力值。通常算子中间的标绘代表兵力单元,可以用军标表示,也可以使用武器装备图片或侧影表示,如图1-2所示。例如,"铁甲突击群"兵棋的左上角标绘团营连排编制序列,"1132"代表1团1营3连2排;算子的右下角通常标注作战能力,坦克排算子右下角"11"表示每个机动阶段最多可沿道路移动11个格共2 200米;步兵排下方的数字代表作战能力,"6-4 2-1"表示本格作战能力6,相邻格作战能力4,间隔1格作战能力2,间隔2格作战能力1。

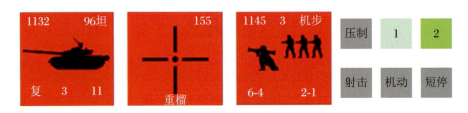

图 1-2　算子示例

（三）规则——兵棋推演的方法与条件

所有的竞赛都有规则，兵棋是高级别的对抗性博弈活动，因此，相比象棋、围棋等棋类游戏，其规则也复杂得多，通常以规则手册的形式出现。一般来讲，专业兵棋规则比民间兵棋规则复杂，高级别兵棋规则比低级别兵棋规则复杂。简单地说，推演规则是规范推演者如何推演兵棋和裁决人员如何对推演行动进行裁决的文档。从作战模拟的角度讲，规则就是兵棋推演的模型，只是兵棋推演的模型表示比较简单，容易被推演人员接受。实际上，兵棋推演的过程就是推演人员执行和学习规则的过程，正是通过对规则的执行和学习，才促使指挥员全面掌握并熟练利用所属作战力量的使用特点。

（四）裁决表（概率表）——兵棋推演结果的量化裁决

裁决表是在兵棋推演中对行动结果进行裁决的表格。裁决表是推演规则的量化与提炼，是裁决人员根据推演规则整理出来的量化裁决工具。裁决表通常包括骰点值及结果两部分。骰点表示掷骰子得出的点值，"铁甲突击群"兵棋通常使用2个骰子，因此，其骰值可能有2—12共11个值。结合不同的攻击力等级得出"损失1个单位""损失2个单位""损失3个单位""压制""无效"等结果。裁决表是兵棋推演的核心，通常每套兵棋需要多个裁决表对不同的作战行动进行裁决，如各类攻击等级表、攻击等级修正表、战斗结果表、战斗结果修正表等，因此，兵棋的裁决表也以手册的形式出现，如图1-3所示。

图 1-3　裁决表示例

(五)随机事件发生器(骰子)——战场不确定性的模拟工具

骰子是兵棋推演的一个重要因素,自现代兵棋产生以来,一直是用来模拟战场随机性的重要工具,但是,由于它与我们传统的娱乐工具相同,在我国进行推广时经常受到质疑,并使兵棋推演的科学性受到质疑。在兵棋推演中,骰子的作用就是产生一个随机数,并以此模拟战场上发生的随机概率事件。兵棋的骰子实际上有多种,除了我们常见的六面骰子以外,还有十面骰子、十六面骰子、二十四面骰子、一百面骰子,用以产生不同的概率。陆战战术兵棋"铁甲突击群"兵棋之所以使用六面骰子,主要考虑其作为一种推演器材的低成本性和易维护性,同时,从推演人员的角度看,一颗六面骰子生成1~6六个随机数字的概率为17%左右,通过组合可以满足17%(1/6)、33%(1/3)、50%(1/2)等概率,两颗六面骰子生成2~12十一个随机数字,最小的概率约为3%,通过组合可以生成精度在3%以内的各种概率,完全满足推演人员对战场随机事件发生概率判断的需要,而且使依据随机数字制作的裁决表最多为11行,大大简化了推演裁决的难度。

图1-4 随机事件发生器

在陆战战术兵棋——"铁甲突击群"兵棋的研制过程中,为了改变大家对骰子的印象,我们给它起了一个非常好的名字:随机事件发生器(图1-4),既说明了骰子在兵棋推演中的基本作用,同时,也给骰子赋予了技术含义。另外,我们研制了专门的掷骰子工具,一个经过精妙设计的骰子盒,并涂上军绿色,从而使骰子彻底改变了形象,从原来的娱乐工具变身为国防教育器材组件。

第二节 兵棋推演

兵棋推演是战术、技术有机结合的产物,是"模拟、历史与科学的结合体",体现的是指挥决策形成过程及其对作战行动的影响关系。因此,在漫长的战争实践中它一直受指挥人员的青睐。

一、兵棋推演的概念

理解兵棋推演首先必须理解推演。2011年版《军语》对推演的定义是:军事训练的方法,将训练课题划分为若干训练问题,按照行动顺序和进程逐步、反复进行的演练。

在2009版《训练大纲》中,关于推演的形式规定了四类:图上推演、沙盘推演、兵棋推演和模拟推演。图上推演和沙盘推演比较常见,也是当前我军军事训练的基本方法;模拟推演近年来大家也有接触,唯独兵棋推演还是一个相对陌生的新事物。实际上,将兵棋推演列为我军军事训练的一种方法正是新一代训练大纲在训练方法上的一大突破。

对于兵棋推演,2011年版《军语》的定义是:对抗双方或多方运用兵棋,按照一定的规则,在模拟的战场环境中对设想的军事行动进行交替决策和指挥对抗的演练,分为手工兵棋推演和计算机兵棋推演。从这一定义可以看出,兵棋推演与其他推演的主要区别在于是否运用兵棋这一推演工具。另外,在这一定义中明确提出兵棋推演是进行交替决策和指挥对抗的演练,比较准确地说明了兵棋推演在指挥人员决策训练方面的优势。

二、兵棋推演系统

提到系统,大家首先会想到是某种计算机软件系统,这一理解是片面的。我国著名科学家钱学森先生对于系统有段描述:"系统,是由相互作用、相互依赖的若干组成部分结合而成的,是具有特定功能的有机整体,且这个有机整体又是它从属的更大系统的组成部分。"从这段描述中可以看出,系统首先是由多个部分组成的,任何一个具体的系统之所以能被称为系统是因为它是具有特定功能的有机整体。

《军语》并没有对兵棋推演系统进行定义,根据对系统的理解,我们提出兵棋推演系统是为组织和实施兵棋推演而提供的器材、工具及相应环境条件的集合。对照系统的定义,兵棋推演系统的特定功能就是组织和实施兵棋推演,这一功能的实现依靠各种器材、工具及相应的环境组成有机联系的集合整体。从这一概念引申,我们根据组织兵棋推演的方式及环境条件,可将兵棋推演区分为手工兵棋推演系统和计算机兵棋推演系统两大类。

手工兵棋推演系统是指使用实物棋盘和棋子,通过手工推演及人工查表裁决组织实施兵棋推演的器材、工具及相应的环境条件集合。手工兵棋推演系统的核心是使用实物棋盘和棋子,以及通过手工推演与人工查表裁决。

计算机兵棋推演系统是指使用兵棋推演软件,通过计算机终端和服务器实现兵棋推演裁决组织实施兵棋推演的器材、工具及相应的环境条件集合。其与手工兵棋推演系统的区别在于使用兵棋推演软件平台进行推演,并由计算机终端和服务器实现推演行动结果的自动裁决。在计算机兵棋推演系统中,兵棋推演软件只是兵棋推演系统的一部分,仅从软件功能看,它是兵棋推演系统的一个子系统。

在当前兵棋推演系统建设过程中,出现了一种计算机辅助的手工兵棋推演系统,即使用实物棋盘和棋子,通过手工推演及计算机软件辅助裁决方式组织实施兵棋推演的器材、工具及相应的环境条件集合。这种兵棋推演系统严格来讲属于手工兵棋推演系统的一类,但由于其在裁决环节引入了计算机裁决,可以大大提高裁决效率,也是目前兵棋推演系统建设与发展的一个方向。

三、兵棋推演的特点

兵棋推演作为一种训练方法,相对于图上推演、沙盘推演和模拟推演,具有以下鲜明的特点。

(一) 精确性

相对于图上推演和沙盘推演这些定性推演的方法,兵棋推演在作战模拟方法及作战结果裁决上均有显著的精确性。首先,从兵棋推演的作战模拟精度上讲,陆军作战兵棋模拟的作战时间可以精确到每回合 5 分钟和每个行动阶段 2.5 分钟以内,在作战空间上可精确到 200 米,在作战兵力表示上可以精确到排、班。其次,在作战结果上,陆军作战兵棋推演可以对每一个单位的每一次作战行动进行裁决,无论是战场移动,还是交战中的战果与战损,均是每战必裁,并且每次裁决均有不确定性,精确地模拟了作战过程与结果。

(二) 对抗性

与图上推演和沙盘推演、重点推演作战过程不同的是,兵棋推演具有鲜明的对抗性。兵棋推演必须有蓝方,并且必须明确规定推演的获胜条件。获胜条件不仅针对红方,还要有针对蓝方的获胜条件。由于双方的实力不同,推演结果也具有不确定性,从而使推演过程因双方均希望获胜却又存在着失败的可能而产生激烈的对抗。对抗性正是兵棋推演的魅力所在,就像下象棋一样,正因为对抗性的存在才有了认真研究的动力和获胜后的成就感。

(三) 规范性

相对于图上推演和沙盘推演,兵棋推演有着相对严格的推演规则与裁决方法,从而避免了推演过于随意而流于形式。一方面,兵棋六角格约束兵力的空间定位,所有的交战行动均根据其实际位置进行确定。另一方面,兵棋推演规则约束了双方的战场行动。更重要的是,兵棋推演通过裁决表来避免行动结果判定的随意性。规范性也是兵棋推演科学性的保证,正是有了严格的规范,使得即使缺乏战争经验的人,也可以通过兵棋推演观摩战争,并通过演练提高实际作战指挥的能力。

(四) 便捷性

兵棋推演的便捷性是相对于模拟推演而言的。相对于作战模拟仿真系统,兵棋规则是对军事知识的描述,容易被军事人员理解;兵棋推演是实体行动的模拟再现,例如战场观察、射击、机动、炮兵计划与射击,容易被相关专业人员掌握和实施;兵棋裁决表规范明确,简捷明了,容易掌握。在近几年的兵棋推广与试验中,许多部队将繁杂的推演裁决工作交由士官甚至士兵完成,这充分说明了兵棋推演裁决的便捷性与简易性。

(五)开放性

兵棋推演的开放性也是相对于模拟系统而言的。模拟系统由于数据模型的复杂性,一般军事人员难以对其进行修改,再加上其封闭在系统的后台运行,更增加了它的神秘感。相对而言,兵棋推演规则开放透明得多,从而拉近了与军事人员的距离,同时也增强了军事人员对其推演结果的信心。兵棋推演的开放性表现在以下几个方面:地图开放可扩展,推演人员完全可以根据训练想定需要进行地图定制,地图制作就像堆制沙盘一样简单;算子开放可定制,推演人员不仅可以根据训练想定设计和制作需要的兵力算子,甚至在推演过程中还可以根据需要随时将兵力算子进行拆分和组合;规则开放可补充,在每一次推演条件设定时,组织人员均可明确是否执行某项规则,或对某些规则进行补充约定;数据开放可修改,训练人员完全可以依据平时的训练数据修改裁决表,并依据修改后的裁决表裁决推演结果;流程开放可调整,只要不违反兵棋推演流程设计的基本原则,组织人员可以根据需要增加或去除某些推演过程,或双方约定从回合流程的某一阶段开始;结果公平可复盘,双方的推演行动是一步步推出来的,因此,结果也是公开透明、公平合理的,为避免争议,也可以根据推演记录的数据进行回放或复盘,从而使推演双方赢得明明白白,输得心服口服。

第三节 兵棋推演的发展历程

世界公认最早的兵棋起源于中国。《孙子兵法》中"庙算"的工具可能就是兵棋,现代已失传。《墨子·公输》中墨子"解带为城,以牒为械"是迄今发现的最早的兵棋推演用于实战的文字记载。现在的象棋、围棋及麻将等棋类游戏可能是古代兵棋的娱乐化版本。

一、兵棋推演的产生与发展

现代兵棋发源于 19 世纪(1811 年)普鲁士的一款宫廷战争游戏。这款游戏以立体沙盘为战场,以兵器模型和标有符号的木块表示兵力,通过兵力在沙盘上的移动过程模拟双方军队的厮杀过程。与沙盘不同的是,这款游戏建立了交战裁决体系,可以对每次战斗结果进行裁决,从而深受普鲁士国王威廉三世的喜爱,并将其命名为"战争游戏"。该游戏后来传入俄国,一度风靡欧洲上流社会。1824 年,普鲁士军队总参谋长冯·穆福林将军发布训令,将这款"战争游戏"确立为普鲁士军官训练和检验作战计划的新手段,从而使兵棋正式走上军用作战模拟工具的行列。兵棋推演、参谋部制度和军事院校成为普鲁士军队对近代军事科学的三大发明而载入史册。

20世纪初,美国及欧洲诸多国家军队均曾在军事训练中引入兵棋推演,其中一个著名的例子是美国战争学院引入兵棋推演进行海战推演,其核心推演人员之一阿尔弗雷德·萨尔·马汉基于兵棋推演结果提出了"海权论"。俄军早期也引入兵棋推演方法进行军事训练和作战方案推演并取得巨大成就,但在第一次世界大战坦能堡战役中,俄军和德军均在事先进行了兵棋推演,并同时发现了作战方案的缺陷,不同的是俄军没有足够重视,而德军则利用了俄军的失误并采取了积极措施,从而全歼了俄军1个集团军,导致俄军萨姆索诺夫上将自杀,使俄军兵棋推演跌入低谷。

兵棋推演在第二次世界大战中得到了充分应用,其中著名的"闪电战"理论在德军的战争准备中提出,并因制定突破法国马其诺防线的"镰刀闪击计划"且成功实施而一举成名。德国海军通过兵棋推演形成的"狼群战术"使德军以有限的海军力量有力地扼制了盟军大西洋的战略运输线。日本军队在第二次世界大战备战中进行了突袭珍珠港的兵棋推演,并通过兵棋推演结果改造鱼雷,成功偷袭了珍珠港。

美军始终是兵棋推演的坚定践行者。随着兵棋推演在第二次世界大战中的成功应用,美军的兵棋推演也从最初的海军迅速延伸到陆军、空军(陆军航空队)等军种,并延续至今。尤其是经历了越战后,美军通过兵棋推演方法迅速完成了现代战役战术训练,并在海湾战争中得到成功检验,再次树立了美军在全世界军事格局中的"霸主"地位。进入21世纪,美军更加注重利用兵棋推演系统对军队战役战术进行研究,积极组织美军及北约军队基于JTLS(Joint Theater Level Simulation)模拟训练系统进行联合作战训练及方案推演。近年来,美军加大了兵棋推演在国防战略全领域的应用推广力度,2015年,美国国防部发布《兵棋推演与创新》备忘录,并建立了国防部兵棋推演基金,资助了几十场大型兵棋推演活动。著名的兰德公司多次针对世界热点问题展开兵棋推演,预测和评估世界格局发展,为美军制定国家安全战略提供参考。

二、我军兵棋推演的发展历程及趋势

中国军队对兵棋推演的引进和发展总体上是一个离散的过程。早在清政府洋务运动时期,北洋政府曾派留学生赴德国、美国军校学习,也曾参与兵棋推演教学活动,但当时引进和学习的重点是西方先进武器装备,因此并没有实际引入兵棋推演方法。民国初期,国民政府在与德军交流中也曾聘请德军教官在军校中进行兵棋推演教学,但没有形成主流。新中国成立后,南京军事学院曾让部分有留德或留日背景的国民党高级军官讲授兵棋课程,但后来中断。20世纪80年代初期,部分军内科学家倡导引入美国的计算机作战模拟技术,由于不理解兵棋推演与运筹分析的界限,长时间聚焦计算机运筹计算分析,而忽略了对兵棋推演本身的研究。直至21世纪初,受地区情势影响,我们从"作战仿真系统"逐步转向兵棋推演研究。

中国军队素来具备强烈的学习精神，我军在研究和分析 JTLS 系统过程中，逐步研发和应用了具有我军特色的兵棋推演系统。我军典型的兵棋推演系统主要有两个：一是国防大学的联合作战兵棋推演系统，近年来随着在国防大学及战区联合作战演习中成功应用，充分展示了兵棋推演在战法和指挥训练中的强大功能；二是由原石家庄陆军指挥学院基于兵棋推演技术研制的"数据化指挥兵棋化模拟对抗演练系统"，通过在陆军师旅级指挥对抗演习中成功应用，有力地推动了兵棋推演技术及作战模拟系统在部队作战训练中的深入应用。

2014 年起，清华大学组织北京高校学生进行兵棋推演大赛，开启了兵棋推演在高校学生国防教育的先河，并尝试运用兵棋推演方法对热点国防问题进行研究探索。2017 年，中国指挥与控制学会在全国高校和军校中组织首届全国兵棋推演大赛，走出了基于兵棋推演的国防教育方法创新之路。2018 年，国防科技创新特区组织"先知·兵圣"战术级人机对抗挑战赛系列兵棋推演竞赛活动，通过军民融合途径号召军地高校及企业参与，再以军队内部赛形式推动兵棋推演及人工智能技术向部队战斗力直接转化，迅速在军地校企全领域掀起了兵棋推演的热潮，有力推进了兵棋推演技术与方法在指挥训练、人工智能及国防教育等诸多领域的深入应用。

三、兵棋推演与作战模拟、作战仿真的关系

作战模拟是指运用各种方法与手段，对军队作战过程及结果进行模拟推演的统称。从作战模拟技术的发展历史看，兵棋推演与作战仿真都是作战模拟的方法，兵棋推演是现代作战模拟技术的鼻祖，只是发展到今天，基于计算机技术的作战仿真成为当前作战模拟的主流技术而已。在作战模拟方法体系中，除兵棋推演与作战仿真外，传统的沙盘推演、图上推演及各类演习都是作战模拟的方法手段。

从概念上讲，兵棋推演与作战模拟是子与父的关系，与作战仿真是并列对等的兄弟关系。兵棋推演和作战仿真都是现代作战模拟技术的分支。

从技术和应用角度讲，兵棋推演与作战仿真的区别较为明显。一是科学基础不同，兵棋推演主要基于统计学和概率论对作战过程进行建模，而作战仿真则主要基于运筹学对作战过程进行建模。二是模拟对象不同，兵棋推演模拟的是作战行动整体过程，倾向于宏观抽象建模，而作战仿真模拟的是作战行动细节，更擅长对具体武器装备及行动进行细化仿真建模（典型的例子是装备构造建模与火炮弹道仿真）。三是推演模式不同，兵棋推演通常使用回合式交互对抗推演，模拟对抗双方交替式决策过程，简单的兵棋推演甚至可以采取手工推演的方式进行，而作战仿真完全依赖于计算机系统，通常以更细的时间片断对作战过程进行连续仿真。从某种程度上讲，能不能还原为手工推演方法进行推演成为识别真假兵棋推演系统的标志。四是应用场景不同，兵棋推演主要用于军队战术与指挥推演，既可以进行战术与指挥训练，也可以用于作战计划与方案评估，而作战仿真则主要用于武器装备作战试验与性能试验验证。

客观地讲，我军目前的大多数作战模拟系统实际上是作战仿真系统，是擅长对作战细节

进行模拟仿真的系统。但由于使用了作战模拟系统的名称,不得已必须实现对作战过程进行整体推演的功能,出现了能够进行小规模作战过程仿真推演的作战模拟系统。但由于方法和技术限制,仿真的规模和推演的对象始终无法实现质的突破,多数系统仅能在实验室内进行演示性推演,极大限制了作战模拟技术在军队内推广的效果。

现代的作战模拟技术更倾向于兵棋推演技术与作战仿真技术的融合。美军 JTLS 系统本身就是成功的案例。我军国防大学兵棋推演系统及陆军合同战术兵棋推演系统实际上也是两种技术相互融合的作战模拟系统,是在保留作战仿真技术对作战细节模拟的基础上,通过兵棋推演技术强化了对各层级战术行动整体过程的模拟,并借助计算机网络信息技术不断扩大推演规模与裁决效率,从而实现更大规模、更细粒度的作战模拟推演过程,满足了军队各级指挥机构从武器装备到分队战术、合同战术、联合战役各层级作战模拟的需要。

第四节 兵棋推演的重大意义

兵棋推演可以应用于多种活动,深入了解兵棋在各项活动中发挥的作用,有利于我们坚定运用兵棋的信心,更好地进行兵棋研究。

一、学习作战理论和知识的生动工具

兵棋推演深植于战争实践,历史上,兵棋推演深得军事人员的信任,原因就在于其推演规则与裁决方法比较真实地反映了战场的实际情况。更重要的是,兵棋推演可以营造压迫式推演环境,迫使推演人员产生"切肤之痛",形成深刻记忆。与传统的作战理论学习方法相比,使用兵棋推演系统进行作战理论学习更加生动灵活、结论直接、印象深刻,是各级指挥员和参谋人员学习作战理论和军兵种知识的重要工具。

二、新型战法研究与创新的有效工具

兵棋推演在推演作战过程中,常常由于某些因素的变化而形成新的战法。第二次世界大战以来,军事理论上的创新和新战法的提出很多是由兵棋推演得来的。第一次世界大战以后,德军全面普及并发展了兵棋推演系统和技术。德军通过兵棋反复推演作战方案,培养了一大批优秀的军官,并提出了著名的装甲闪击战理论。大家熟知的"沙漠之狐"隆美尔就是一名兵棋推演的高手。中东战争中,以色列为了对抗埃及军队的装甲突袭,通过兵棋反复推演交战过程,发现了制导武器系统的潜在威力,发明了反坦克导弹战法,从而终结了坦克大规模集群作战。近年来,美军提出的新战法层出不穷,如电子战、火力战、精确战、后勤战、心理战等,且经过战场上的验证均十分有效,一个重要的原因就是美军发挥了兵棋推演的作用。

三、推演和验证行动方案的科学手段

军事行动历来是一个复杂的过程,必须对其进行周密细致的筹划才能进行。但是,如何验证作战方案是否科学有效呢?通常可采取的方法有三种:第一种是实兵推演,即将作战方案交由作战部队按照作战方案进行行动推演。这种推演方法直接有效,能够直观反映作战方案的细节,是历来指挥官验证作战方案的基本方法。缺点是消耗大,成本高,且容易暴露企图,因此,通常在局部关键环节采取实兵推演验证。第二种是仿真与运筹分析,即采用数学方法对作战方案进行分析,得出科学结论。这种方法有手工进行的,如我们熟悉的作战计算,也有计算机自动进行的,如现在我们正在大力发展的作战仿真计算机系统。这种方法的特点是结论精确,科学性强,但缺点是分析过程复杂、劳动强度大,因此,手工进行的作战计算只是进行总体计算,使其科学性大打折扣;计算机运算速度快,但由于数据准备复杂、结论很难使指挥员接收。第三种是兵棋推演方法,用棋子(算子)表现作战单位,用棋盘(分格地图)表现战场,用棋子在棋盘上的移动表现作战行动;根据战争经验,把战场事件发生的可能性编成概率表;用骰子掷点产生随机数,从概率表中查取事件的方法来裁决行动结果的作战模拟工具。兵棋推演实际上是介于实兵推演和运筹分析之间的一种方法手段。与实兵推演相比,兵棋使用棋子代替实兵,成本低;以棋子运动表现作战行动,推演效率高;以战争经验为规则,可信性好。与运筹分析与计算机仿真相比,兵棋推演模型和规则开放,便于推演人员介入,推演过程透明,容易使指挥员接受,群众基础好。

实兵推演、兵棋推演和运筹分析等方法并不是对立的,而是相互补充的手段。兵棋推演将模拟规则和经验数据整理出来,可为运筹分析提供建模依据;运筹分析用数学分析方法对作战行动的物理过程进行精确描述,根据兵棋规则对经验数值进行优化,为兵棋推演提供更为精确的数据。如今比较先进的作战模拟方法是用兵棋推演与运筹分析分别进行研究,然后把二者的结果结合起来,做到优势互补。如JTLS系统就是兵棋推演与运筹分析的结合。

第二章 基于兵棋推演的运用拓展

兵棋推演作为一种军事训练方法,其核心的功能是实施推演,也因推演系统、推演对象和推演想定的不同而衍生其他的功能。结合近几年的兵棋推演活动,主要分为军事领域中的运用和国防教育领域中的运用。

第一节 军事领域中的运用

使用对象主要包含军队院校和部队,使用兵棋工具和运用兵棋推演手段达到一定的军事目的。概括起来主要体现在以下五个方面。

一、评估作战计划方案

这项功能可以看作一项指挥作业辅助功能。指挥员在指挥决策过程中,对于拟制的作战计划和方案进行推演,并在推演结果的基础上评估作战计划与方案,从而为指挥员决策提供依据。这一功能通常可用于首长机关作战计划推演评估和依据协同计划组织作战行动推演。

随着信息技术的高速发展,以网络信息体系为支撑的一体化联合作战已经成为现代战争的基本形式,战争强度高、爆发快、首战即决战的特点日趋明显。这就要求指挥员必须对作战方案存在的各种变数作出准确预判和科学评估,切实掌握战场主动。兵棋推演作为模拟战争的有效方式,一般按照"行动—反应—对反应的评估—再行动"的顺序展开,能够有效模拟作战方案的实施过程及可能遇到的问题,辅助各级指挥员准确理解现有战场条件和态势。在推演过程中,还能够充分利用兵棋开放式的应用特点,不断调整各类指标,"迫使"指挥员不断适应战场最新变化,寻找最佳解决途径,最终获得最优化的作战方案。

运用兵棋推演实现对作战方案的评估功能,服务于作战行动。美军历来重视运用兵棋推演提升美军指挥员的指挥素养。兵棋推演是美军培养锻炼指挥人员、优选评估其作战方案、指导实战、规划未来建设方向及设计未来战争的重要方式。近几年,伴随美军军事院校兵棋训练的推进,军队和院校相继在实际战场与虚拟战场展开了系列军事训练实践,有力促进了美军指挥员在真实战场的"打仗"能力;作为指挥人员指挥对抗的虚拟舞台——兵棋推演,有力地磨砺了指挥员的指挥筹划能力。

(一)勤于定量化的态势研判,增强指挥员对作战态势的深度理解

在兵棋推演中,结合地形和作战任务类型,可以定性分析敌军的进攻路线,从而进一步描绘出敌军可能的作战意图(作战意图识别、理解与预判),以便己方机动、射击和情报侦察。通过兵棋推演,可以锻炼指挥员对态势所蕴含的地形地貌、道路通行程度、海拔高程、通视程度和火力威胁范围等作战要素的认知、判断、理解,从而养成面对复杂问题的定量与定性相结合的作战态势综合感知能力。可以说,兵棋推演是锻炼指挥员能打胜仗的有效途径之一。指挥员可以按照作战条令分步进行兵棋推演,以棋盘为战场,对作战方案进行评估和优选,然后拟制出科学、严密的作战计划。

(二)运用基于缜密的战术计算,增强指挥员的精确指挥决策能力

在兵棋推演的过程中,指挥员需要进行缜密的战术计算,才能在环环相扣的指挥决策过程中稳操胜券。这里主要包括两个方面,一方面是己方情况变化,主要包括作战力量的侦察范围、火力打击范围、机动能力等;另一方面是敌情变化,如敌观察哨位置、火力配属位置、主攻方向等。通过精确地计算,指挥员可以准确把握战场态势的变化,更好地进行作战部署和指挥。在战斗的过程中,指挥员不但要计算战术问题,还要把握好装备的综合运用问题,使得战果最大化。最后,兵棋推演可以锻炼指挥员的定量评估能力。通过对战报的研判分析,让指挥员准确掌握战场的动态变化趋势,驱动下次的行动决策。

(三)养成"先推演再决策"的思维习惯,提升指挥员的战术素养

给物质不如给思想,给思想不如给思维。兵棋推演使指挥员考虑问题更全面,研究问题更客观,分析问题更详细。指挥员在兵棋推演的过程中,改变原来"拍脑袋想问题"的粗犷式思维方式,养成客观分析、严谨计算和公正判断的习惯,形成较为缜密的逻辑思维方式,锻炼指挥员的规划、沟通、合作和领导力。兵棋推演最大的特点就是严格按照规则、数据来裁决,无论是计划阶段还是作战实施阶段,都需要指挥员先进行推演,再实施决策。长期进行兵棋推演的指挥员,无论是在兵棋推演还是日常的工作处理上,思维方式都与其他指挥员有较大的不同。

下面,列举一个美军典型的使用兵棋推演设计战争、推演战争的案例,供大家思考分析。海湾战争中,美军在实施"沙漠风暴"行动前,第18空降军和第7军都进行过兵棋推演。为顺利实施地面作战行动,美军根据部队的训练水平和可能的战争进程,按照实际作战所需的时间进行了一次兵棋推演。推演显示,此次行动将持续100个小时。指挥官诺曼·施瓦茨科普夫还发现:如果不采取有效措施,"沙漠风暴"行动将会是一场旷日持久、双方都损失惨重的战役。如果美军从阿拉伯半岛的沙漠里快速机动至伊军侧翼,将会大大加快地面作战进程。据此,施瓦茨科普夫在实战中指挥了著名的"欢呼玛丽"机动。地面部队以迅雷不及

掩耳之势实施了"左钩拳",很快就包围了伊拉克军队右翼,使多国部队以极小的伤亡取得了战争胜利。海湾战争的实践证明,美军借助这次兵棋推演发现的问题,完善了计划,使推演显示的时间与实际地面作战所用的时间几乎达到了完全一致。这说明,美军利用兵棋推演在虚拟的作战环境中推演各种作战行动以及可能的后果,从而将各种作战设想转化为实际行动方案。

二、提升指挥能力水平

兵棋推演已经成为现代战争的关键环节,美军尤为重视(如图2-1所示,美军正在进行战前兵棋推演),美军打击伊拉克的结果与战前推演几近一致,抓捕本·拉登的整个过程也在五角大楼的兵棋推演系统上演练了无数遍,各种军演也都是兵棋推演先行。现代战争中,兵棋推演与作战实施的关联作用愈发重要,它正不停地改写着世界军事走向,运筹"兵棋推演"之中,决胜"棋盘"之外,已经是指挥员提升指挥能力和研究作战行动的重要工具。

图 2-1　美军进行战前兵棋推演

兵棋作为一种开放式的作战模拟工具,具有将定量模型与定性思维紧密结合的鲜明特性,是各级指挥员练谋略、练应变、练技能的重要手段,对于强化作战指挥、提升作战能力具有重要作用。因此,兵棋推演必须坚持向实战聚焦、向战场发力,真正发挥其战斗力"倍增器"效能。

兵棋推演训练中,可以实现多层次、多目标、多编组的灵活组织,较好地结合了定性研究和定量分析,且开放性和趣味性更强,课题设置能够涵盖军委、战区、军兵种部队各级指挥机构所有可能执行的任务,各级受训指挥员能够摆脱生理及技术层面限制,思考如何适应复杂多变的战场态势。因此,开发和运用对抗性、实战性强的兵棋推演系统,能够为我军各级指挥人员训练提供一种全新的模式和手段,变固化式的教育训练为开放式的教育训练,有效提升各级指挥员的谋略水平及战术素养。

（一）注重与传统作战模拟方式相结合

传统的作战仿真模式，应用的是基于军事运筹学的数学分析手段，即用运筹学方法建立数学模型，然后直接计算出交战结果，达成作战模拟目的，它的基础是数学模型，设计者也大多为精通运筹学和统计学的数学人员；而兵棋的设计主体是军事人员，甚至就是一线指挥员，设计基础更多的是一种经验模型。运筹分析方法通过预先确定的事件和约束条件，求取最优结果；而兵棋推演则通过随机产生事件和开放性的规则，注重推演过程，达到训练、评估等多重目的。兵棋推演与运筹分析之间既有区别又有联系，二者相辅相成、互为补充。运筹分析采用数学方法对作战行动的物理过程进行精确描述，根据兵棋规则对经验数值进行优化，能够为兵棋推演提供更精确的数据支撑；兵棋推演可以将模拟规则和经验数值整理出来，为运筹分析提供建模依据。因此，应注重将其与传统的运筹分析作战模拟手段相结合，促进兵棋推演体系更加科学完整，为更好地运用兵棋推演、强化作战指挥提供有力支撑。

（二）注重将手工兵棋与计算机兵棋相结合

新时代的战争形态和制胜机理发生了根本变化，为了更加真实地模拟战场，兵棋推演借助高速发展的信息技术，把战争"搬进"计算机，因而计算快速、数据统计精准的计算机兵棋推演便应运而生。计算机兵棋推演是通过对作战部队的体制编制、武器系统、战术行为等进行精确评估和量化赋值，然后由作战指挥中心、作战演训中心及各作战执行单位指挥所执行，运用复杂的战区仿真系统，连续数小时乃至数月模拟实战环境和作战进程，实施重大作战议题或武器系统作战效能评估的推演。而手工推演作为最具有灵活性和开放式特点的兵棋模式，是理解和掌握兵棋的必需过程，其规则完全开放，手段运用高度灵活。因此，要注重将手工兵棋与计算机兵棋有机结合起来，充分发挥手工兵棋规则开放、组织便捷的特点，以及计算机兵棋快速高效、远程联网的优势，从而在服务作战应用上使兵棋推演更加灵活多样、高效便捷。

（三）注重夯实兵棋推演"实战"属性

兵棋推演在作战模拟和指挥训练中作用明显，但由于技术手段和规则的限制，推演想定地图、决策环境与现代战场难免存在一定差距，导致兵棋推演"战味"不浓的现象依然存在。开展兵棋推演指挥训练，必须坚持问题导向，切实瞄准战场、聚焦实战，确保在未来战争中获得更大胜算。据此，组织兵棋推演应按照实际指挥所编成与作战编组来设置推演机构，注重提供实战化的想定设计和兵力部署，持续呈现合理"真实"的反馈态势，以实战化指挥流程主导系统全过程运用，将侦察情报、作战筹划、指挥控制、作战评估、信息保障、后装保障、国防动员、政治工作等指挥要素全流程贯穿于推演之中。同时，要注重将兵棋系统与实际指挥手段结合运用，将现行部队作战指挥全过程完整呈现，为指挥员提供"沉浸式"的决策环境。通过夯实兵棋推演"实战"属性，加速提升兵棋推演训练模式对军队战斗力的贡献率。

三、提供对抗训练平台

指挥对抗训练必须有对抗性环境与条件，使双方作战行动互为条件，从而为指挥员指挥决策提供不确定性前提，迫使指挥员进入对抗性决策环境，实现指挥决策对抗性训练的目的。从《军语》对兵棋推演的解释看，兵棋推演主要用于交替决策和指挥对抗的演练，正是兵棋推演的对抗性才使得军事人员能够在虚拟的棋盘上实现指挥决策对抗训练功能，从而成为指挥对抗训练的重要支撑手段。2013年，国防大学基于数据化指挥兵棋化模拟训练系统，组织并开展了一次指挥对抗训练，参训部队一致反映，基于兵棋系统对抗，导调情况少了，实际情况却复杂多了，每个单位都基于同一想定背景进行多次对抗，但"次次都有新情况，次次结果都不同"。

实战化军事训练需要近似实战的训练环境。兵棋系统可以高度模拟信息化条件下的战场态势和作战行动样式，将作战基本原则和经验融入兵棋系统规则中，运用数字化、网格化的真实地图和想定设计，检验作战方案，从而辅助决策、提高作战指挥能力。此外，运用兵棋系统进行训练能够极大地体现实战化军事训练的对抗性要求。

（一）兵棋为实战化军事训练提供先进的训练工具

兵棋系统是集成信息技术的模拟对抗训练工具，结合我军现状，充分利用其在军事训练中的独特优势，加强兵棋系统在军事训练中的应用，将成为推动我军军事训练转型的重要手段。一是运用兵棋系统可实时掌握战场气象、地形等地理环境信息和部队武器装备性能、毁伤系数、作战力量编成等全方位的战场数据，且能够对部队每一回合的作战行动与相应后果进行精确计算。二是通过兵棋规则体系的设计，使决策者在整体战争背景中研究和分析作战问题。三是兵棋系统可实现对作战行动的每一个环节进行量化分析和评估，提高评估结果以及作战指挥决策的科学性。兵棋系统可作为推演人员在虚拟战场上充分发挥主观能动性，体现指挥谋略的平台，兵棋推演过程极大限度地体现出战争活动中交战各方的对抗性，具有浓厚的实战意味。

（二）兵棋推演为实战化军事训练提供科学的方法论指导

信息化战争条件下的军事训练，需要信息化条件的训练方式。与传统训练手段相比，计算机兵棋系统的指导理念和方式方法有着极大的优越性。兵棋系统的方法论意义在于遇到重、难点问题或新问题时，可以帮助推演者通过逐回合的推演活动，发现解决问题的关键路径，从而破解难题。兵棋系统之所以能够破解难题，主要在于：一是兵棋系统包含辩证性的哲学思维，包括奇正与虚实、进攻与防御、打击与抗打击、突击与反突击、登陆与反登陆等战场上可见的矛盾关系，这使得兵棋系统能够较为客观地反映战争规律。二是兵棋系统坚持以量化分析为主，定量与定性相结合的分析和裁决方法，将战场要素与战争规律最大限度地进行抽象概括，以量化的方式进行呈现。三是充分体现战争的不确定性。兵棋系统通过其规则设计和随机数发生器的设计,以及受到推演各方决策谋略的影响,其推演结果往往是不可复制的,与战争的不确定性相符合。兵棋推演的最终目的并非是经过严格的数理分析,达到一个准确无误的结果,而是在不断地推演和复盘过程中,启迪推演者的思维,吸取战争经验,认识战争规律,从而不断提高指挥谋略水平。

(三)兵棋推演为实战化军事训练提供智能化的发展方向

开展实战化军事训练的目的就是使军事训练向实战靠拢,兵棋推演是世界各国军事决策体系的重要组成部分,其本质就是在实验室里研究未来战争制胜机理。有学者认为,未来新军事革命将从信息化向智能化转型,"人工智能+兵棋+网络化指挥控制系统+无人系统"将构成未来新的作战体系,此观点是否成立,短期内很难形成定论,但根据当前科技领域的发展态势,智能化必然是未来战争形态发展的重要趋势。

科学技术的发展是无止境的,因此必须保持适当超前的思维,对未来战争样式进行合理预测,才能实现军事理论和技术的持续创新。而兵棋与人工智能技术的结合,可以对未来战争的发展趋势进行合理预测与模拟。一方面,通过兵棋推演获得的战场经验数据可以使人工智能得到进一步发展;另一方面,依据兵棋系统规则,人工智能可以快速、准确地分析当前战场态势,为推演者提供科学的决策与建议。因此,加强兵棋系统在实战化军事训练中的应用势在必行,这是技术发展驱动作战及军事训练理念向前发展的客观规律。

四、验证战法创新成果

战法,即作战的方法。作战问题是一个实践性很强的问题,但战法创新却是一个认知领域的问题,是军事研究人员根据现有的条件,加上对未来作战条件的预测,提出的新的作战方法。但战法创新成果终究是要用于指导作战实践的,因此,战法是否符合实际,是否能够指导实践,需要经过验证才能确认。兵棋推演正是提供了对抗性的战场模拟条件,并能够根据战法需要,以适当的推演条件精确模拟作战结果,从而验证战法创新后是否达到预期的目的,为战法创新成果最终转化为指导部队作战训练的条令条例奠定基础。在一次指挥对抗演练中,某机步师结合指挥对抗演练,对其近年来研究的战法成果进行了五次验证,经过"实验—修正—再实验"的反复论证,裁决评估组专家为该师提出近20条战法改进意见。这些意见均被充实到作战方案中,并在随后展开的指挥对抗演练中进一步验证。部队首长对这种战法验证方式及结果非常满意,认为"尽管成果还是初步的,但我们迈开了从研究战争向设计战争进发的重要一步"!

随着我国安全和发展同外部世界的互动性、关联性、交融性不断增强,国家安全的内涵由传统安全领域向新型安全领域、由国内向国外、由聚焦自身安全向承担国际义务不断拓展,面临的安全风险明显增多。对于我军而言,对手多元、任务多样复杂的现状将会长期存在,必须准确把握打赢未来信息化局部战争这一斗争准备基点,加强对军事力量运用方式和战法训法的创新研练。兵棋推演则能够有效避免纯理论研究的短板,其课题设置灵活、规则模型开放、对抗过程真实、组织实施简便,通过设定不同条件多次组织推演,能在实测数据和科学量化指标的基础上比较准确地反映交战过程、得出"真实"结果。由此可见,兵棋推演手段的建设和应用能够为我军战法研练和理论研究提供重要支撑。

五、论证武器装备效能

这项功能是随着近年来武器系统研制与成体系编配论证提出的一项新要求。与战法创新成果验证类似的是,武器装备系统是部队战斗力提供的重要基础,但并不意味着编配了先进的武器装备系统的部队战斗力一定能够提高,这也是一个需要进行先期论证和评估的问题。在武器装备系统实际编配之前,用兵棋推演系统按照预期的编配方案,在虚拟的战场条件下进行推演,能够验证新武器系统及编配方案的作战效能基本结果,从而为武器装备自身战术技术指标和部队编配方案的确定提供依据。

兵棋自诞生以来,在作战指挥领域有着广泛的应用,然而在装备保障领域并未受到青睐。但随着现代战争对装备保障的依赖程度越来越大,兵棋在装备保障领域的应用愈加受到重视。毫无疑问,兵棋在装备保障指挥人员训练、装备保障理论研究和装备保障方案论证等方面有广阔的应用空间。

进一步加强和深化兵棋推演在装备领域的运用,必须在三个方面努力:

一是加强兵棋基础理论研究。目前,我军兵棋的系统开发、理论研究和实践运用都相对匮乏。因此,要真正了解和掌握兵棋推演技术,加速构建适合我军辅助决策和教育训练应用特点的兵棋体系,必须首先从源头补课。要通过了解兵棋的历史起源,探究从"自由式兵棋"到"严格式兵棋"、从手工兵棋到计算机兵棋的发展路径,深入解析兵棋系统结构原理,加大推演规则研究力度,逐步深化兵棋基础理论研究。同时,还应开阔思维,探索融入云计算、人工智能、虚拟现实等先进技术理论,着眼未来战场和我军实际,走具有我军特色的兵棋发展之路。

二是重视相关军事数据积累。兵棋作为定量思维的军事工具,有别于我军传统的习惯定性描述的思维方式,是一种先进军事思想的集中体现。兵棋系统建设的关键是以武器效能量化为代表的量化赋值体系,除了需要合适的模型外,长期实测数据的积累同样不可或缺。因此,要从转变观念入手,着眼尽快建立符合我军实际的兵棋算子数学模型和量化赋值体系,自上而下夯实"数据强军"理念,加快训练数据采集系统研发,在各种武器平台和训练设施设备中嵌入数据采集模块,注重在兵器性能、作战要素等诸多方面进行长期的数据量化和信息积累,将各类军事数据采集、存储作为一项重要任务长抓不懈。

三是注重兵棋推演成果应用。要充分发挥兵棋在军事领域的传统优势,切实运用推演结果验证计划方案,助力完善战略战术;拓展兵棋在装备研发领域的应用范围,结合使命任务设定不同条件进行推演,以获取装备发展指标验证,运用验证结论修正装备研发方向、辅助装备体系设计。

第二节 国防教育领域中的运用

"兵者,国之大事,死生之地,存亡之道,不可不察也。"2000多年前的中国古代军事家孙子就已经认识到,军事是国之大事,是国家兴亡和国民存亡的关键之处,必须加以重视并认真分析研究。这一论断时至今日仍然适用。孙子所说的"兵者",指的是战争或者军事,这是与其所处的时代背景紧密联系的。结合当前时代背景,我们可以将"兵者"的内涵延伸至整个国防,也就是说,国防事关国家的兴亡、民族的延续和社会的发展,是国家生存和发展的重要安全保障。国防教育是建设和巩固国防的基础性工程,是增强民族自信、民族凝聚力和提高国民素质的重要手段。随着以信息技术为代表的高新技术的发展,国防和军事理论也在不断地发展变化,因此,以大学生群体为对象的高校国防教育课程必须在教学内容和手段上加以变革,保持创新。

兵棋推演作为一种分析和研究战争的工具,不仅广泛运用于军队的军事训练和决策分析中,在各个需要进行博弈和对策研究的社会领域中均有较高的应用价值。探索兵棋推演在高校国防教育中的应用,对拓展高校国防教育课程内容、创新教学手段、提高高校国防教育水平具有重要意义。

一、基于兵棋推演的高校国防教育基本抓手

高校国防教育是全民国防教育的重要组成部分,是实现中华民族伟大复兴的基础工程。地方高校大学生是国防教育的主要对象。

现代的兵棋推演是综合运用计算机仿真技术,将战场环境量化为电子地图,将作战实体量化为兵力算子,以作战规则等体现作战的确定性因素,以概率分布等体现作战的不确定性因素,依据特定的军事想定,采用博弈对抗机制实施的作战指挥决策与战术行动对抗演练。兵棋推演作为一种模拟战争、研究战争的重要方式和手段,不仅可以用于军队院校学员的指挥训练,还可作为地方高校开展军事竞技性的国防教育。通过调查高校国防教育的现状和对参加兵棋推演相关比赛的学生进行调研,理清了基于兵棋推演的高校国防教育的特征、主要功能作用等认识。

基于兵棋推演的高校国防教育是指遵循大学生身心特征和成长特点,依托兵棋推演平台,以兵棋推演大赛为抓手,通过兵棋推演训练,提升大学生国防观念、引导大学生履行国防义务,培养大学生爱国主义精神、崇军尚武文化、军事基本素养的社会活动。因此,高校开展国防教育,一是要认清高校学生的认知规律,优化国防教育元素,增强多维渗透力;二是要把握高校学生思维活跃的优势,创新国防教育形式,增强国防知识吸引力;三是利用高校学生喜欢行为体验的趋势,树立军事游戏教育导向,培塑团队凝聚力;四是紧贴高校学生好胜好

强的个性,开展竞技性比赛,形成内生推动力。

二、基于兵棋推演的高校国防教育基本要求

基于兵棋推演的高校国防教育遵循以下基本要求:

一是以兵棋系统为平台。近几年,兵棋推演大赛使用了"战术级兵棋系统:铁甲突击群""战役级兵棋系统:墨子·未来指挥官"等兵棋系统。比赛中推演地域的选择、裁决规则的制定和现代武器装备的运用等均与国防教育内容相联系。基于兵棋推演大赛的高校国防教育,必须以现有的兵棋推演系统为基本依托。

二是以军事知识为基础。国防教育的形成与展现,既要知晓陆军、海军、空军、火箭军等军兵种常识,也要牢固掌握主要武器装备的技战术性能,还要具有战场态势判断、排兵布阵、协同控制等军事指挥知识。

三是以训练比赛为抓手。贯彻以战领训、训战一致的原则,在军事氛围浓厚的比赛过程中,不仅要熟悉作战想定,准确分析敌情、我情、战场环境,而且需要小组成员紧密协作,从而达到巩固国防知识、提高竞赛成绩和提升军事素养的效果。

四是以复盘研讨为杠杆。比赛结果是输赢,但比赛过程才是教育。通过复盘进行推演过程回顾和剖析,既达到对军事基本知识、运用推演规则取得胜利等显性知识的交流,也通过对推演前作战企图确定、战法的设计、推演过程中突发情况的处置考虑等隐性知识的探讨,达到合理运用推演规则的科学性与深化战争设计的创新性相结合的教育效果。

三、基于兵棋推演大赛开展国防教育的平台

自 1985 年普通高校军训工作改革试点至今,高校国防教育经过 30 多年的发展,取得了突出成绩,在增强大学生国防观念、培养国防后备力量上作出了重要贡献,同时在发展的过程中也暴露出一些问题。而随着兵棋技术的快速发展,兵棋推演对于解决目前高校国防教育中存在的一些问题具有较高的应用价值。基于兵棋推演大赛,可以从兴趣、能力、思维等方面,对提高高校学生军事指挥素养发挥独特的重要作用。

(一) 丰富教学内容,提高实战化、信息化教学水平

2016 年 11 月,中央军委印发了《加强实战化军事训练暂行规定》,对落实实战化军事训练提出刚性措施、作出硬性规范。实战化军事训练是习近平关于军事训练的核心思想,其揭示了战训一致的基本规律,为推动军事训练创新发展指明了方向,树立了更高的标准。

2019 年,教育部、中央军委国防动员部印发了《普通高等学校军事课教学大纲》(以下简称《大纲》),在军事课的课程目标上规定,"通过军事课教学,让学生了解掌握军事基础知识和基本军事技能,增强国防观念、国家安全意识和忧患危机意识,弘扬爱国主义精神、传承红色基因、提高学生综合国防素质"。要实现《大纲》中所规定的课程目标,就必须使军事课程

教学和军事训练的内容和形式符合现代战争的基本形态。当前战争的基本形态是信息化战争,也就是说,当前组织国防教育课程教学和军事训练必须要符合信息化战争的基本特征,而从目前实际情况来看,大多数普通高校的军事教学训练只是在国防教育课程上对信息化战争、军事高技术相关的理论和基本知识进行简单介绍;在军事训练上,绝大多数高校更是仅仅训练学生一些基本的单兵队列动作,对战术层面的训练极少涉及,对于信息化战争条件下的军事训练几乎没有。这样的教育训练显然是难以满足《大纲》要求的,与实战化军事训练的要求更是相差甚远。而实战化是军事训练的灵魂所在,是军事训练的本质要求,脱离了实战背景的军事训练将变得毫无意义。而随着科学技术的发展,兵棋在创设实战化军事训练背景方面有着独特优势,这对于提高普通高校的军事训练实战化水平具有重要意义。

实战化军事训练,需要构建近似实战的战场环境并采用科学量化的裁决标准对训练结果进行评价。兵棋在这两个方面具有较高的应用价值。首先,现代化的兵棋推演系统是以信息技术为基础、以大数据为支撑的信息化模拟训练工具,能够构设信息化战争条件下复杂的战场环境,反映出战场复杂的电磁环境、气象水文地理环境对军事行动的制约作用,还能模拟作战对象及其行动,充分体现出实战化军事训练贴近实战、模拟对抗的要求。以兵棋推演系统为依托,综合集成网络技术、计算机仿真模拟技术,搭建一体化的实战化军事教学训练平台,模拟战场环境以及作战行动,设置双方或多方对抗的训练课题,能够使学生最大限度体验近似实战环境下的军事行动。

此外,兵棋推演系统所用模型和算法的基础是真实数据,包括以往战争经验数据、训练课题想定数据、武器装备性能、部队体制编制等数据,利用这些数据建立一系列作战行动模型,能够实现对学生采取的军事决策进行科学量化的裁决与评估。如在兵棋推演的每一回合或者几个回合后,可以根据相应规则触发裁决结果,综合反映作战行动的整体效能。因此,利用兵棋推演的方式组织实战化军事训练,有利于大学生进一步加强对信息化战争条件下的作战特征的探索,提高受训者的军事素养。

(二)创新教学手段,提升学习军事主观能动性

《大纲》指出,"在军事课教学中,要注重理论联系实际,掌握好深度和广度,不断改进教学方法和手段,确保教学质量"。

教学质量的提高,归根结底要由教育对象在教育实践中的受教育程度来决定,也就是说,要想提高教学质量,必须使教育实践满足教育对象的需要,为教育对象服务。主体教育思想认为,教育活动是教师与学生双主体协同活动的过程,其基本模式是"教师启发引导,学生实质参与,师生平等互动",教育的核心目标是培养和发挥学生的主体性。而从目前的国防教育课程教学来看,基本上是教师处于绝对的主导地位,学生的主体地位很难体现,无论是在课堂教学还是军事训练中,学生都处于从属地位,只能被动地接受教师所讲授的基本知识,学生缺乏充分发挥主观能动性的平台。然而,当代大学生群体具有自主意识强、视野开阔、信息接收渠道多、思想更趋复杂等特点,被动接受的教学模式难以激发大学生的主观能动性,导致大学生对国防教育课程学习的积极性不高。针对这一问题,军地领导机构和教育

部门在教学内容和手段上作出了许多创新举措,诸如运用多媒体教学手段、增加古今中外战争案例的分析、组织参观见学等,但这些举措并未从根本上改变学生在国防教育课程教学中的从属地位和被动性,学生仍然是被动地接受种种安排,这对于教学效果的提升作用有限。

军事训练最突出的特征在于对抗性,因为战争本身就是两个或多个武装集团之间的对抗活动。然而当前绝大多数高校的国防教育课程教学和军事训练仅限于走走队列、整整内务、普及一些最基本的国防知识,这种教学模式完全脱离了军事训练的本质特征,既不符合《大纲》的有关规定,更与我们在普通高校开展国防教育的初衷相去甚远。兵棋的本质可以理解为是一款回合制的棋类游戏,兵棋推演的过程就是双方之间按照回合制进行决策博弈的对抗活动,其最基本的特征就是对抗性,这与军事训练的内在要求是相符的。此外,兵棋推演是一种人机互助系统,体现的是"人在回路"的思想,即推演者在第一次输入指令后,仍有机会进行第二次或者不间断地指令输入,推演者在兵棋推演的过程中处于绝对主导地位,充分发挥了人的主观能动性。将兵棋推演应用到国防教育课程教学和军事训练中,就是以计算机兵棋系统为依托,在教师的指导控制下,由学生分别扮演对抗双方的决策者,对各自所属的军事力量进行调度和操作,模拟战场上双方对抗的活动。教学训练所用的兵棋系统,既可以是基于历史上的著名战争案例所设计的兵棋系统,也可以是根据一定现实条件或特定训练目的设计的兵棋系统,如针对朝核问题、钓鱼岛问题、南海问题等设计专门的兵棋系统。因为在兵棋推演中,学生居于绝对的主体地位,教师只负责对推演进程的整体把握和评价总结,所以这种教学手段有利于极大激发大学生的积极性,而兵棋系统依托先进的计算机技术,可以充分体现出信息化战争的作战特征,弥补了普通高校在军事教学训练中设备设施不全的缺点,有利于提升国防教育训练的教学效果。可以说,将兵棋推演应用于国防教育课程教学中,是满足《大纲》要求、符合信息化战争条件下军事训练的有效手段,是对高校国防教育教学手段的实质创新,是提升国防教育教学效果的重要途径。

(三)增强学习效果,提升大学生军事思维

高校国防教育,一是为国防,二是为育人,要通过育人来实现加强国防建设的目的。而这里的育人,就是要提高大学生的综合素质,特别是军事素质。日本教育家福泽谕吉说:"一个民族要崛起,要改变三个方面:第一是人心的改变,第二是政治制度的改变,第三是器物的改变。"人心改变是放在第一位的。这里的人心改变指的是人的思维方式的改变,康德也说过,"重要的不是给予思想,而是思维"。如果高校国防教育的育人价值体现为人的思维方式的改变,教学目的应体现在提升文化层次上而不是知识丰富上,育人效果应体现在人的灵魂塑造上而不是军事知识的了解上,也就是说,高校国防教育的育人,应该是提升大学生的军事思维能力。增强大学生的国防意识,其核心就在于提高大学生的军事思维能力。

当前普通高校的国防教育,更多的是从加强大学生管理的角度考虑的,把关注点过多集中于培养大学生的吃苦耐劳精神和增强组织纪律性方面,在课堂教学中也仅是对一些国防的基本理论进行简单介绍,并没有上升到提高学生军事思维能力的层面,对大学生国防意识的培养仍有欠缺。这种局面的形成,从客观上来说,有普通高校军事教学训练设施不全、国

防教育课教师军事素养不高等原因;从主观上来说,可能也有部分高校的管理者存在将军事教学训练作为约束学生、强化学校管理的工具的认识。

这种"重学校目标,轻国防需求"的做法无法使学生真正提升军事思维能力,难以增强大学生的国防意识,更难以培塑大学生的"尚武"精神,反而可能引起大学生对于国防教育课程的反感和抵触心理,事实上,这样的情况确实在某种程度上存在着。对大学生的国防教育应充分体现出大学生群体的特征,以引导式教育为主,激发大学生的爱国热情和国防意识。兵棋推演的核心就在于人的思维,通过人的思维能力作出正确决策,从而实现预定的作战意图。要制定科学合理的任务规划,必须认真分析和理解想定的内容、综合判断红蓝双方的优缺点,比较分析双方的强弱点,制定严谨细致的作战方案,并做好多种预案以应对可能出现的方案以外的情况。在兵棋推演的过程中,学生不是作为旁观者,而是作为对抗双方的指挥员,根据一系列的条件和背景自主作出行动决策,并承担决策导致的后果,这就迫使学生不得不全身心地投入其中,为了战争的胜利绞尽脑汁,全面分析各种战场要素。兵棋推演的过程有利于极大提高学生的谋略水平和军事思维能力,从而自觉增强其国防意识。此外,兵棋推演不仅有利于增强学生的国防意识,还有利于增强学生正确认识和处理一切棘手问题的能力,这是一种思维层面的训练和培养,即面对困难,要根据一切可以利用的条件,思考和推演所做行为决策会导致的可能结果,从而增强学生处理问题的能力素质。

第三章　竞赛平台系统操作与使用

目前,全国较为成熟的兵棋系统逐年递增,比如"铁甲突击群""中国舰队""联合舰队"等系统。2019年以来,全国兵棋推演大赛指定比赛平台为"墨子·未来指挥官"兵棋系统,该系统由北京华成防务技术有限公司研发,是"墨子"联合作战推演系统的互联网对战版,是一款覆盖陆、海、空、火、天、电全域联合作战的"人在回路"推演系统。本书主要以该系统为例进行介绍。

第一节　竞赛平台下载安装

系统聚焦各种作战力量和不同作战单元之间的协同配合,在武器装备战术使用原则约束下完成多方之间对抗博弈推演,应用于兵棋推演大赛、战例复盘研究、国防教育培训等领域,为军地高校、科研院所、企事业单位和青少年军事爱好者研究军事领域问题提供技术手段和系统支撑。

一、下载

首先登录"墨子杯"全国兵棋推演大赛的主页 http://www.ciccwargame.com/,如图 3-1 所示。

然后点击主页上方的"大赛平台",进入"墨子·未来指挥官"平台的下载页面,点击"对战平台下载",如图 3-2 所示。

点击"对战平台下载"后,会跳转到华成防务主页下的支持中心界面,点击下方的"墨子·未来指挥官(竞赛客户端)"下方的"客户端程序"按钮,即可下载竞赛平台客户端,如图 3-3 所示。

图 3-1 "墨子杯"全国兵棋推演大赛主页

图 3-2 "墨子·未来指挥官"平台下载页

图 3-3 客户端程序下载页

二、安装

客户端下载好以后,就可以进行解压安装了,具体方法如下。

(一)环境部署要求

1. 硬件要求

CPU:Inter Core I5/I7 四核,主频 2.7 GHz。

内存:4 GB。

磁盘:100 GB。

显卡:独立显卡,显存>1 GB。

2. 操作系统要求

操作系统:Win 7 或 Win 10 64 位。

3. 运行时环境要求

在安装"墨子"联合作战推演软件前,需要先安装以下运行时环境(安装文件已包含在安装包中):

(1) Net Framework 4.5.2。

(2) Microsoft Visual C++ Redistributable 2012。

(3) Microsoft Visual C++ Redistributable 2015。

(4) DirectX 9.0C。

(5) Chrome 浏览器。

(二)安装流程

1. 检查本机系统环境

在桌面上选中"计算机"图标点击右键选择"属性",如图 3-4 所示。

图 3-4　选中计算机右键

在弹出页面中可以查看本机电脑操作系统为多少位，CPU、内存等是否符合上述安装本软件要求，然后点击"控制面板主页"，如图 3-5 所示。

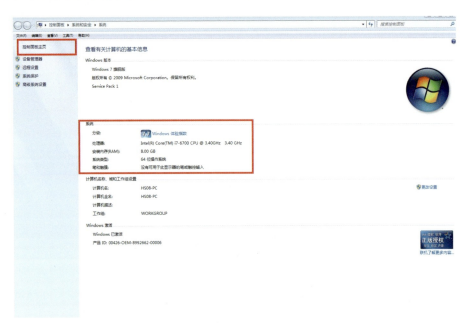

图 3-5　计算机属性

在弹出页面中点击"程序"按钮，如图3-6 所示。

图 3-6　控制面板主页

进入程序页面后，点击"程序和功能"按钮，如图 3-7 所示。弹出"程序和功能"页面，如图 3-8 所示。

第三章 竞赛平台系统操作与使用

图 3-7　程序页面

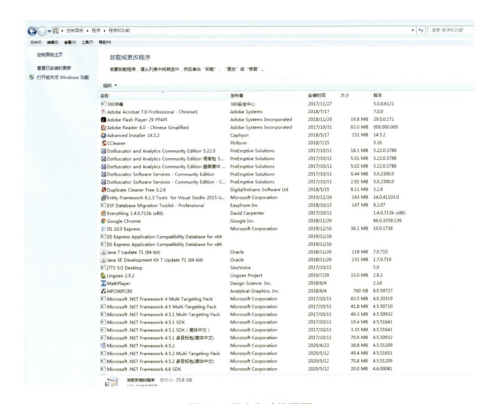

图 3-8　程序和功能页面

在"程序和功能"页面内查看本机系统中是否安装有 .NET Framework 4.5.2 插件，如图 3-9 所示。查看完成后安装文件。

2．安装文件

系统安装包，如图 3-10 所示；解压该压缩文件，得到安装文件夹，如图 3-11 所示。

3．安装环境库

双击 Launcher.exe 文件，开启整个系统的安装过程。

目前有少量 Windows 7 系统因系统环境变量问题，在启动过程中会出现如图 3-12 所示异常情况。

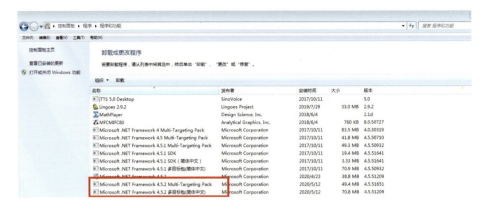

图 3-9　.NET Framework 4.5.2

图 3-10　系统安装包

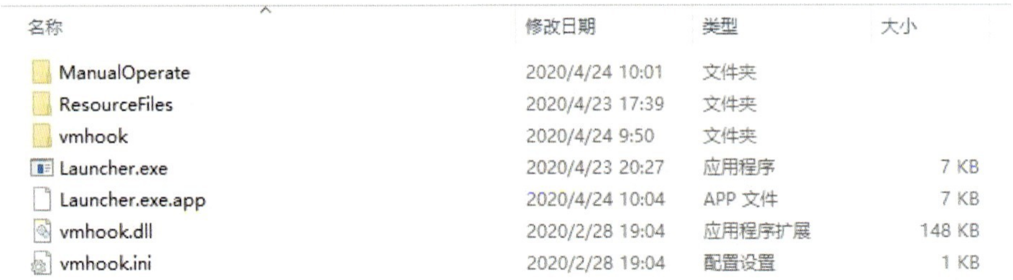

图 3-11　解压后得到安装文件夹

图 3-12　系统环境异常,运行错误

如果发生此情况,需要手动进行第一步安装,具体操作如下:

进入安装包文件中的 Manual Operate 文件夹,检查本机系统是否安装.NET FrameWork 4.5.2,如未安装,则双击运行"NDP452-KB2901907-x86-x64-AllOS-ENU.exe"文件,手动安装.NET FrameWork 4.5.2 环境。

安装程序会自动启动.NET Framework 安装文件,安装过程如图 3-13、图3-14、图 3-15、图 3-16 所示。

图 3-13　.NET Framework 准备安装界面

图 3-14　.NET Framework 安装界面

图 3-15　.NET Framework 安装进度

图 3-16　.NET Framework 安装成功

如果已经安装.NET Framework 4.5.2 环境，则无需双击运行"NDP452-KB2901907-x86-x64-AllOS-ENU.exe"文件，安装此环境。

4. 安装"墨子"联合作战推演系统

双击运行"MoZiSetUp.exe"文件，程序安装界面自动打开，如图 3-17 所示。安装程序会自动检测所需的运行环境是否在系统中已经安装，已安装的环境前面是未勾选的状态，勾选状态的项是需要安装的内容。

图 3-17　安装程序主界面

（1）C++ Redistributable 2012/2015 组件安装。系统需要安装 C++ Redistributable 2012 和 C++ Redistributable 2015 组件，两个组件安装过程和操作一致，安装过程如图 3-18、图 3-19、图 3-20 所示。

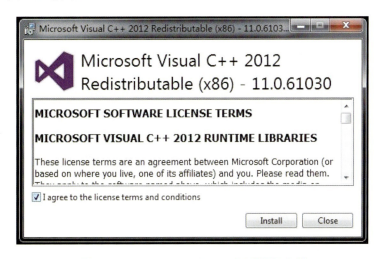

图 3-18　C++ Redistributable 组件准备安装

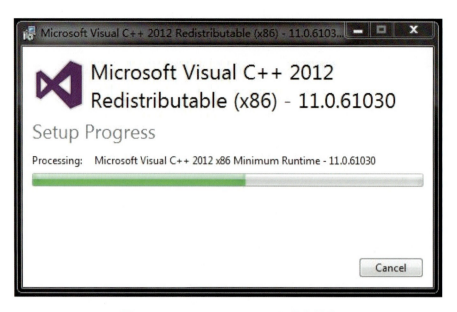

图 3-19　C++ Redistributable 组件安装中

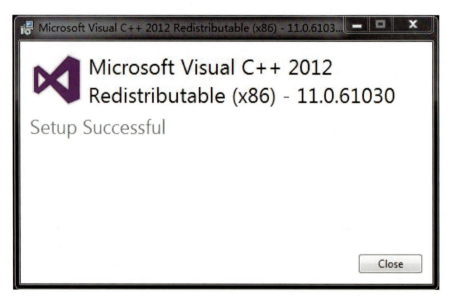

图 3-20　C++ Redistributable 组件安装成功

(2) DirectX 9.0 C 环境安装。此组件是图形处理和图形加速的必要组件。安装过程如图 3-21、图 3-22、图 3-23 所示。

安装完 DirectX 9.0 C 组件后，程序需要对 DirectX 系列组件及系统相关环境进行运行检查，安装程序自动弹出检测程序，如图 3-24、图 3-25、图 3-26 所示。

(3) 谷歌浏览器(Chrome)安装。基础数据管理工具需要从浏览器中使用，本机中如果已经安装了谷歌浏览器，则取消该选项的勾选状态。

浏览器安装过程如图 3-27、图 3-28 所示。

第三章 竞赛平台系统操作与使用　　35

图 3-21　DirectX 9.0 C 组件准备安装

图 3-22　DirectX 9.0 C 组件安装中

图 3-23　DirectX 9.0 C 组件安装成功

图 3-24　DirectX 检测修复工具界面

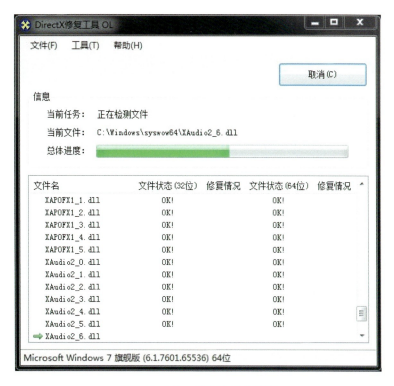

图 3-25　DirectX 开始检测修复

图 3-26　DirectX 检测修复完成

图 3-27　浏览器安装中

图 3-28　浏览器安装成功

（4）"墨子"联合作战推演系统安装。在安装完所需环境、组件和软件后，开始正式安装墨子联合作战推演系统。首先，安装程序会展示"用户许可协议"，在阅读完毕，并勾选"我已仔细阅读该协议并保证严格遵守协议内容"后，才能进行下一步安装，如图 3-29 所示。

接下来，选择系统安装目录，如图 3-30 所示（特别提示，该系统最好不要安装在 C 硬盘的根目录下）。

选择好安装目录后，点击"下一步"继续安装，安装程序会显示当前正在安装的内容和安装进度，最后安装基础数据管理工具，如图 3-31 所示。

待进度条完成进度，安装过程结束，完成安装，如图 3-32 所示。

图 3-29　用户许可协议阅读界面

图 3-30　安装目录选择

图 3-31 基础数据管理工具安装

图 3-32 安装完成

第二节 竞赛平台的条令规则

条令规则是指对交战双方以及交战规则的约定，包括作战条令与交战规则和电磁管控。

一、作战条令与交战规则

作战条令与交战规则是分等级的。最低级别的是对单个的作战单元约定，其次是对作战编组或编队的约定，另外还有对作战任务的约定，最高级别的是对推演方的约定。因此，仿真系统中有分别针对作战单元、作战编组、作战任务以及推演方的作战条令与交战规则。低级别的约定默认服从上级的约定。

在"条令规则"菜单中点击"推演方条令"按钮，即可进入针对所选推演方的作战条令与交战规则对话框，如图 3-33 所示。

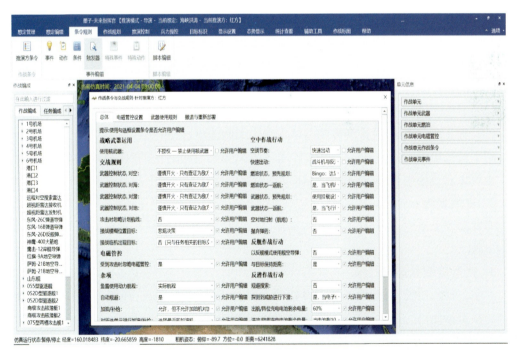

图 3-33　针对推演方的作战条令与交战规则

（一）总体设置

在总体界面，可以对战略武器运用、交战规则、电磁管控、空中作战行动、反舰作战行动、反潜作战行动以及其他一些规则进行设置。针对单元或编组的总体设置信息会显示在地图右侧对象信息对话框的"作战单元/编组条令"界面中，如图3-34所示。

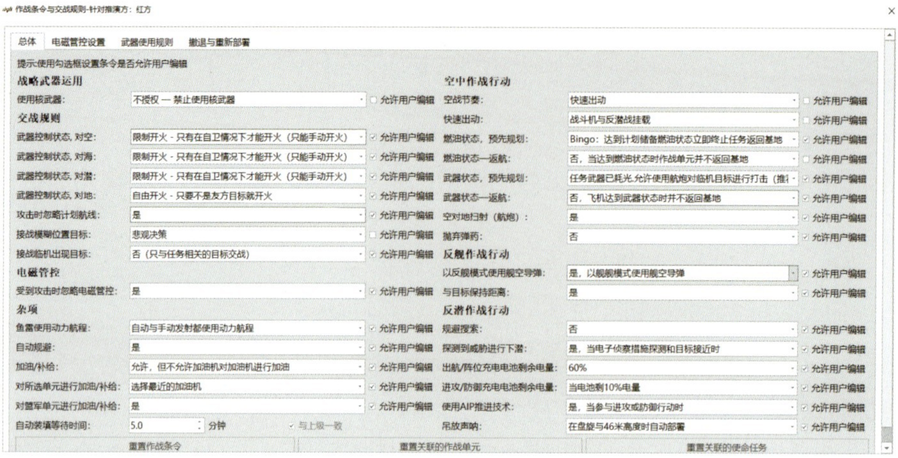

图 3-34 作战条令总体选项

1. 战略武器运用

仅有一个"使用核武器"设置项，即对核武器的使用情况进行规定，决定所选对象是否有权使用核武器。如果所选对象为推演方，它有两个选项；如果所选对象为单元、编组或任务，则会多出一个"与上级一致"选项。如上级有权使用核武器，则显示"与上级一致：授权-可以使用核武器"；如上级没有授权使用核武器，则显示"与上级一致：不授权-禁止使用核武器"。

（1）授权：可以使用核武器。

（2）不授权：禁止使用核武器。

（3）与上级一致（针对推演方的总体设置中无此选项）。

将下拉选项框右边的复选框勾选上，那么在对象信息对话框的"作战单元/编组条令"界面中也可以对该项内容进行设置。总体设置界面中所有的复选框均具有此功能。

2. 交战规则

对武器开火策略、受到攻击时航线选择、位置模糊目标以及临时发现的目标是否攻击等进行设置。

3. 武器控制状态

对空、对海、对潜、对地武器可以设置开火限制，包括自由开火、谨慎开火和限制开火三种。与核武器使用的选项一样，如果所选对象为推演方，它有三个选项；如果所选对象为单元、编组或任务，则会多出一个"与上级一致"选项。总体设置界面中所有的选项均与此相同，下面不再分别说明。

（1）自由开火：只要不是友方目标就开火。

（2）谨慎开火：只有查证为敌方目标才开火。

（3）限制开火：只有在自卫的情况下才能开火（只能手动开火）。

（4）与上级一致（针对推演方的总体设置中无此选项）。

4. 受到攻击时忽略计划航线

本规则用来控制作战单元在有计划航线时,是否将作战状态转换为防卫交战状态还是在航状态。对舰船来说,如果舰船不是向加油点机动、加油、返航、撤退状态,当有规划航线(航线路径点不是自寻路径点),且有主要目标时,则受本规则控制。对潜艇来说,如果潜艇不是返航、撤退状态,当有规划航线(航线路径点不是自寻路径点),且有主要目标时,则受本规则控制。有以下选项:

(1) 是:忽略计划航线。
(2) 否:继续按原计划航线执行。
(3) 与上级一致(针对推演方的总体设置中无此选项)。

5. 接战模糊位置目标

由于目标探测具有模糊性,可能出现在一个不确定的区域中,不确定区域相对打击武器有纵向距离、横向距离两个特征,武器根据制导方式和搭载的传感器可以确定对目标的最大打击距离和横向探测范围,通过比较不确定区域的纵向距离与横向距离是否在武器的极限打击范围内,确定对目标是否可进行开火打击。制导方式为半主动制导、指令制导、指令-寻的制导、驾束制导、中段半主动+末端主动制导、分时控制中段半主动制导+末端主动制导的武器,对打击目标的纵、横向模糊距离极限均为0,也就是这些制导方式的武器不能对位置模糊目标进行打击。

惯性制导武器,如果战斗部是武器类型,则取战斗部武器的传感器探测距离作为纵向打击距离,其他类型战斗部,根据战斗部类型在不同媒介中生成爆炸破片的毁伤作用距离作为纵向打击距离,横向探测范围根据武器传感器的最大横向探测距离确定。

其他制导方式的武器,纵向模糊距离极限主要由最大射程确定,横向探测范围根据武器传感器的最大横向探测距离确定。

当目标的模糊度大于发射单元可接受程度时,该选项设置决定是否开火有以下选择:

(1) 忽略模糊性:不考虑目标模糊度的影响,直接发射。
(2) 乐观决策:目标模糊度在一定范围之内时发射。
(3) 悲观决策:目标模糊度远大于发射单元可接受的程度时,单元会拒绝发射,武器不会开火。
(4) 与上级一致(针对推演方的总体设置中无此选项)。

6. 接战临机出现目标

在护航、打击、巡逻、返航等任务中,遇到任务指定以外目标(临机目标)时,根据挂载武器类型以及本规则,确定是否对临机目标进行打击。

(1) 是:只要有合适的武器,就会发动攻击。当出现临机目标时,对目标有合适的挂载武器并在其他规则允许打击目标时,则发动攻击。护航时,只要有合适的武器,即可打击目标。

(2) 否:只攻击任务指定的目标。当出现临机目标时,不对其进行打击。在巡逻任务中,根据巡逻任务类型对应的目标类型,确定是否对临机目标进行打击。

(3) 与上级一致(针对推演方的总体设置中无此选项)。

7. 空中作战行动

空中作战行动的设置包括空战节奏、快速出动、预先规划的燃油状态、返航时的燃油状态、预先规划的武器状态、返航时的武器状态、航炮以及弹药抛弃等。

8. 空战节奏

空中作战行动的出动准备时间由挂载方案决定,分为快速出动和非快速出动两类,非快速出动情况下的出动准备时间可以根据出动强度进行细分。

空战节奏用于控制非快速出动情况下的出动准备时间,空战节奏有两种:一般强度出动、高强度出动,其区别是一般强度出动准备时间是高强度出动的几倍。

(1) 一般强度出动:按一般强度出动准备时间(两小时)准备出动。

(2) 高强度出动(界面显示不准确:快速出动):按高强度出动准备时间(两分钟)准备出动。

9. 快速出动

支持快速出动的挂载方案,有专门的出动准备时间、最大出动批次、维修时间、昼夜出动等参数,用于控制快速出动的周转时间。

(1) 是:支持快速出动的挂载方案允许按快速出动进行作战调度。

(2) 是,战斗机与反潜战挂载:仅战斗机以及反潜战挂载方案中支持快速出动的,允许按快速出动进行作战调度。

(3) 否:不允许任何挂载方案按快速出动进行作战调度。

10. 燃油状态,预先规划

预先规划的燃油状态有 13 种。

推荐否,达到燃油状态时,作战单元并不返回基地。

11. 武器状态,预先规划

武器使用规则有以下设置:

(1) 使用挂载设置。

(2) 任务武器已耗光,立即脱离战斗。

(3) 任务武器已耗光,允许使用航炮与临机出现目标格斗。

(4) 所有超视距与防区外打击武器已耗光,立即脱离战斗。

(5) 所有超视距与防区外打击武器已耗光,允许使用视距内或防区内打击武器对较易攻击的临机出现目标进行攻击,不使用航炮。

(6) 所有超视距与防区外打击武器已耗光,允许使用视距内或防区内打击武器对较易攻击的临机出现目标进行攻击。

(7) 使用超视距与防区外打击武器进行一次交战,立即脱离战斗。

(8) 使用超视距与防区外打击武器进行一次交战,允许使用视距内、防区内打击武器对较易攻击的临机出现目标进行攻击,不使用航炮。

(9) 使用超视距与防区外打击武器进行一次交战,允许使用视距内、防区内或航炮打击武器对较易攻击的临机出现目标进行攻击。

(10) 同时使用超视距/视距内或防区外/防区内打击武器进行一次交战,不使用航炮。

(11) 同时使用超视距/视距内或防区外/防区内打击武器进行一次交战,允许航炮对较易攻击的临机出现目标进行攻击。

(12) 使用视距内与防区内打击武器进行一次交战,立即脱离战斗。

(13) 使用视距内与防区内打击武器进行一次交战,允许航炮对较易攻击的临机出现目标进行攻击。

(14) 使用航炮进行一次交战。

(15) 与上级一致,使用挂载设置。

12. 武器状态-返航

飞机返航条件如下:

(1) 当达到预先规划的武器状态时,飞机离开飞行部队,返回基地。

(2) 当飞行编队中第一架飞机达到预先规划的武器状态时,返回基地。

(3) 当飞行编队中最后一架飞机达到预先规划的武器状态时,返回基地。

(4) 飞机达到预先规划的武器状态时并不返回基地。

(5) 与上级一致,飞机达到预先规划的武器状态时并不返回基地。

13. 空对地扫射(航炮)

是:允许有航炮武器的飞机对地进行扫射打击。

否:不允许有航炮武器的飞机对地进行扫射打击。

14. 抛弃弹药

受到攻击时抛弃弹药:当遇到敌方攻击时,为减轻作战负载,将携带弹药抛弃,以利于规避机动。

否:受攻击时不抛弃弹药。

15. 以反舰模式使用舰空导弹

是,以舰舰模式使用舰空导弹:允许以舰舰模式使用舰空导弹对水面目标进行打击。

否:用常规模式使用舰空导弹对目标进行打击。

16. 与目标保持距离

是:为保证自身安全和有利作战条件,与探测到的目标保持安全距离(待确认)。

否:与探测到的目标之间不考虑距离。

17. 探测到威胁,进行下潜

该规则对潜艇充电和下潜有影响,根据潜艇的探测能力,规定探测到目标威胁后的行动。

是,当电子侦察措施探测和目标接近时。

是,当潜望镜或能探测水面目标雷达搜索时(当潜望镜或水面搜索雷达探测到目标时下潜):若潜艇不能探测水面目标时间在半小时内,且潜艇不在交战状态,则不能充电,如在充电则中断充电,并下降到 40 米深度。潜艇不能探测水面时间计算:当潜艇有潜望能力的传感器或水面搜索传感器(水面搜索传感器必须水深 5 米以上使用),则时间归零。

是,当水面舰艇在 37.04 千米内或飞机在 55.56 千米内:当潜艇目标列表中的潜艇或水面舰艇在水平 37.04 千米、飞机在 55.56 千米内,则不能充电;如在充电则中断充电,并下降到 40 米深度。

否:探测到威胁目标,对充电和下潜不影响。

18. 电池充电,出航/阵位

潜艇在执行返回基地、航线机动、巡逻、支援任务、有计划航线或在编组内,且不在充电状态时,若当前电量小于本条令规定电量阈值,且有柴油或 AIP 燃料,按以下规则充电:若当前电量小于进攻/防御充电条令规定电量阈值,则充电;若当前电量超过进攻/防御充电条令规定电量阈值,则根据探测到目标下潜规则判断是否允许充电。

潜艇在执行返回基地、航线机动、巡逻、支援任务、有计划航线或在编组内,且正在充电状态,按以下规则充电:若当前电量小于进攻/防御充电条令规定阈值,则继续充电;若当前电量超过进攻/防御充电条令规定阈值,但当前电量小于本条令规定电量阈值,则继续充电;若当前电量超过进攻/防御充电条令规定阈值,且当前电量超过本条令规定电量阈值,则根据探测到目标下潜规则判断是否中断充电,若未中断,则充电到满为止。

当潜艇处于进攻、防御交战状态且不在充电,若当前电量小于本条令规定电量阈值,且有柴油或 AIP 燃料时,则充电,否则不充电。

当潜艇处于进攻、防御交战状态且在充电,当前电量小于进攻/防御充电条令规定阈值,则继续充电;若当前电量达到进攻/防御充电条令规定阈值,且当前电量小于出航/阵位充电条令规定阈值,则继续充电;若当前电量达到出航/阵位充电条令规定阈值,则根据探测到目标下潜规则判断是否中断充电,若未中断,则充电到满为止。

19. 使用 AIP 推进技术

潜艇有不依赖空气的燃料种类,且有使用 AIP 技术的引擎,则根据此规则判断是否使用 AIP 推进技术。柴油机需要在 20 米深度以上才能充电。使用 AIP 发动机,则不管潜艇在多深处,均可对电池燃料进行充电。因此,若期望深度在 20 米以上,优先使用柴油发动机;若期望深度在 20 米以下,优先使用电力发动机;若潜艇深度在 20 米以下,且没有电力发动机,则可使用 AIP 发动机。可选项如下:

是,总是如此:潜艇深度在 20 米以下时,如有不依赖空气的燃料及 AIP 发动机,则将其作为动力之一。

是,当参与进攻或防御行动时:潜艇在进攻或防御作战时,如有不依赖空气的燃料及 AIP 发动机,则将其作为动力之一。

否:在有其他动力情况下,不允许使用 AIP 推进。

盘旋在 46 米高度时自动部署吊放声呐:当飞机具有部署吊放声呐的能力,并盘旋在 46 米高度时,自动部署吊放声呐。

只能人工部署或者分配任务:当飞机具有部署吊放声呐的能力时,只有在人工下达或任务指定下达部署吊放声呐时,飞机才开始部署吊放声呐。

20. 鱼雷使用动力航程

用于控制鱼雷可以发射的距离范围。当使用鱼雷运动距离控制时,取鱼雷的巡航射程和全速射程中的较大者：许多鱼雷并没有全速射程数据，如有全速射程，其值一般比巡航射程小。当不使用鱼雷运动距离控制时，取对海对潜的最大作用距离与条令中设定的自动开火距离中的较小距离。

自动与手动发射都使用动力航程：自动、手动发射鱼雷均使用鱼雷的动力航程控制鱼雷是否可以发射；只有手动发射时使用动力航程：手动发射鱼雷使用鱼雷的动力航程控制鱼雷是否可以发射。

实际航程：发射鱼雷使用对海对潜的最大作用距离与条令中设定的自动开火距离中的较小距离控制鱼雷是否可以发射。

21. 自动规避

本规则用来控制是否将作战单元状态转换为防卫交战状态。对于舰船、潜艇作战单元，目标为鱼雷，只有当目标在 3 海里内，或在 3~10 海里范围且舰船在鱼雷前方时，才将舰船设置为防卫交战状态。如果潜艇是弹道导弹潜艇，则只要有主要目标即设置为防卫交战状态。对于飞机类作战单元，如果没有分配任务、任务不是打击或不是长机，则有主要目标时将状态设置为防卫交战状态。

是：有主要目标，则设置为防卫交战状态。

否：不考虑本规则对作战单元状态的影响。

加油/补给：用于控制飞机的油料补给。

允许：允许飞机从本推演方补给油料到作战单元中。

允许，但不允许加油机对加油机进行加油：允许飞机从本推演方补给油料到作战单元中，但不允许加油机对加油机进行加油。

不允许：不允许本推演方飞机加油。

22. 对所选单元进行加油补给

对于飞机作战单元，控制空空加油。

选择对所选单元进行加油补给的作战单元。

选择最近的加油机：选择到所选单元周边最近的加油机进行加油补给。

选择位于我们和目标之间的加油机：选择到所选单元与目标之间的加油机对作战单元进行补给。

优先考虑位于我们和目标之间的加油机，但不允许往回飞：选择到所选单元与目标之间的加油机对作战单元进行补给，但飞行方向不能朝向基地。

对盟军单元进行加油补给。

是：可以对盟军作战单元进行加油补给，包括接收补给和输出补给。

是，仅接收：仅接收盟军作战单元的补给，不向盟军输出补给。

是，仅输出：仅向盟军作战单元输出补给，不接收补给。

否：与盟军作战单元间不能进行补给。

（二）电磁管控设置

电磁管控是指对平台发射声、光、电磁波等的控制，可以设置雷达、主动声呐和干扰机等发射器的状态。

每种发射器都有 2 个状态可选,即打开:开机;静默:关机,如图 3-35 所示。

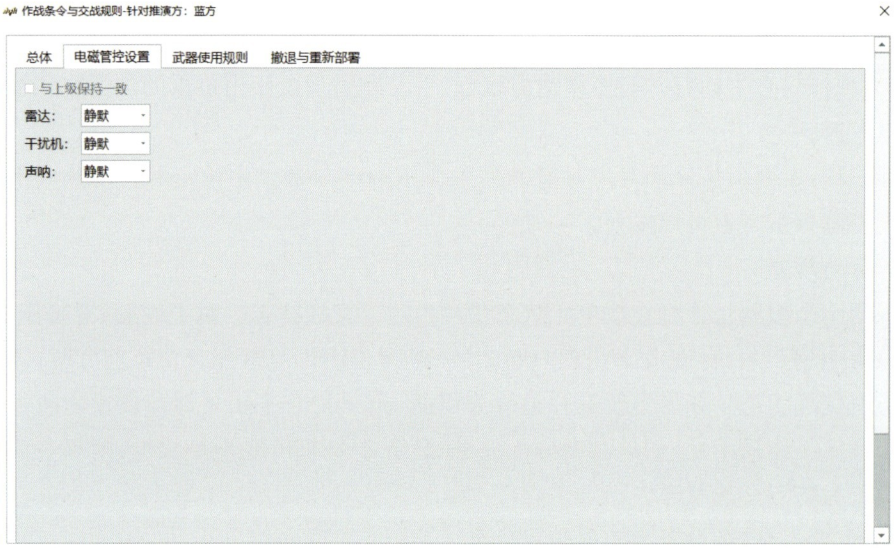

图 3-35　电磁管控设置

1. 针对推演方的电磁管控设置

新建想定或者推演开始时,需要对推演方的电磁管控进行设置。

在"条例规则"菜单中,点击"推演方条令",在弹出的"作战条令与交战规则"对话框中,点击"电磁管控设置"标签,进入电磁管控设置页面。因为推演方级别是最高级,所以"与上级保持一致"复选框是不可选的。同样的原因,"重置电磁管控规则(使用上级设置)"按钮也处于不可用状态。

2. 针对单元的电磁管控设置

单元的电磁管控可以"继承",即遵循上一级平台或推演方的电磁管控设定。如不需改动,所有发射单元继承推演方设定的电磁管控规则。

仿真系统允许对单个单元的电磁管控规则进行单独设置,即可对雷达、干扰机和声呐的开关机状态进行设置。

进入针对作战单元的电磁管控设置页面,系统默认"继承"上级平台的电磁管控设置,"与上级保持一致"复选框在勾选状态。

如果需要对单元的电磁管控规则进行更改,首先需要单击"与上级保持一致"复选框,将选中状态取消。复选框取消后,才可以对雷达、干扰机和声呐的开关机状态进行更改。点击雷达、干扰机和声呐右侧的下拉框,系统将弹出"确认"对话框,提示所有受影响的作战单元都要遵从该电磁管控规定,点击"是",完成设置,点击"否",放弃更改。针对编组与任务的电磁管控设置和针对单元的相同。

3. 电磁管控规则重置

在推演过程中,可以随时对单元、编组和任务的电磁管控规则进行更改设置。如果需要将这些更改恢复到默认状态，那么可以进行以下操作：

点击下方的"重置关联的作战单元"按钮，可以将所关联的作战单元的电磁管控状态设置为推演方的电磁管控状态。点击下方的"重置关联的作战任务"按钮，可以将所关联的作战任务的电磁管控状态设置为推演方的电磁管控状态。

在其他的电磁管控设置页面，将"与上级保持一致"复选框勾选上，或者点击"重置电磁管控规则(使用上级设置)"按钮，可以将所选单元、编组或任务的电磁管控状态设置为推演方的电磁管控状态。

二、武器使用规则

在"作战条令与交战规则"对话框中点击"武器使用规则"按钮，进入武器使用规则界面，如图 3-36 所示。

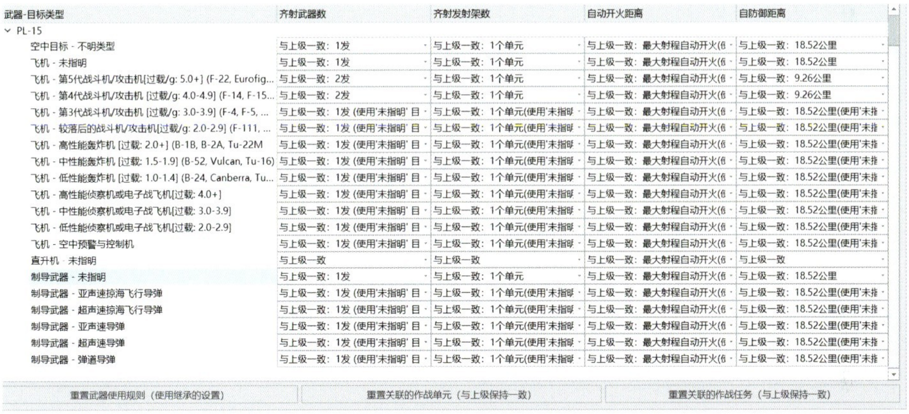

武器-目标类型	齐射武器数	齐射发射架数	自动开火距离	自防御距离
⌄ PL-15				
空中目标 - 不明类型	与上级一致：1发	与上级一致：1个单元	与上级一致：最大射程自动开火(	与上级一致：18.52公里
飞机 - 未指明	与上级一致：1发	与上级一致：1个单元	与上级一致：最大射程自动开火(	与上级一致：18.52公里
飞机 - 第5代战斗机/攻击机[过载/g: 5.0+] (F-22, Eurofig...	与上级一致：2发	与上级一致：1个单元	与上级一致：最大射程自动开火(	与上级一致：9.26公里
飞机 - 第4代战斗机/攻击机 [过载/g: 4.0-4.9] (F-14, F-15...	与上级一致：2发	与上级一致：1个单元	与上级一致：最大射程自动开火(	与上级一致：9.26公里
飞机 - 第3代战斗机/攻击机 [过载/g: 3.0-3.9] (F-4, F-5, ...	与上级一致：1发 (使用'未指明' 目	与上级一致：1个单元(使用'未指明	与上级一致：最大射程自动开火(	与上级一致：18.52公里(使用'未指
飞机 - 较落后的战斗机/攻击机[过载/g: 2.0-2.9] (F-111, ...	与上级一致：1发 (使用'未指明' 目	与上级一致：1个单元(使用'未指明	与上级一致：最大射程自动开火(	与上级一致：18.52公里(使用'未指
飞机 - 高性能轰炸机 [过载: 2.0+] (B-1B, B-2A, Tu-22M	与上级一致：1发 (使用'未指明' 目	与上级一致：1个单元(使用'未指明	与上级一致：最大射程自动开火(	与上级一致：18.52公里(使用'未指
飞机 - 中性能轰炸机 [过载: 1.5-1.9] (B-52, Vulcan, Tu-16)	与上级一致：1发 (使用'未指明' 目	与上级一致：1个单元(使用'未指明	与上级一致：最大射程自动开火(	与上级一致：18.52公里(使用'未指
飞机 - 低性能轰炸机 [过载: 1.0-1.4] (B-24, Canberra, Tu...	与上级一致：1发 (使用'未指明' 目	与上级一致：1个单元(使用'未指明	与上级一致：最大射程自动开火(	与上级一致：18.52公里(使用'未指
飞机 - 高性能侦察机或电子战飞机[过载: 4.0+]	与上级一致：1发 (使用'未指明' 目	与上级一致：1个单元(使用'未指明	与上级一致：最大射程自动开火(	与上级一致：18.52公里(使用'未指
飞机 - 中性能侦察机或电子战飞机[过载: 3.0-3.9]	与上级一致：1发 (使用'未指明' 目	与上级一致：1个单元(使用'未指明	与上级一致：最大射程自动开火(	与上级一致：18.52公里(使用'未指
飞机 - 低性能侦察机或电子战飞机[过载: 2.0-2.9]	与上级一致：1发 (使用'未指明' 目	与上级一致：1个单元(使用'未指明	与上级一致：最大射程自动开火(	与上级一致：18.52公里(使用'未指
飞机 - 空中预警与控制机	与上级一致：1发 (使用'未指明' 目	与上级一致：1个单元(使用'未指明	与上级一致：最大射程自动开火(	与上级一致：18.52公里(使用'未指
直升机 - 未指明	与上级一致	与上级一致	与上级一致：最大射程自动开火(	与上级一致
制导武器 - 未指明	与上级一致：1发	与上级一致：1个单元	与上级一致：最大射程自动开火(	与上级一致：18.52公里
制导武器 - 亚声速掠海飞行导弹	与上级一致：1发 (使用'未指明' 目	与上级一致：1个单元(使用'未指明	与上级一致：最大射程自动开火(	与上级一致：18.52公里(使用'未指
制导武器 - 超声速掠海飞行导弹	与上级一致：1发 (使用'未指明' 目	与上级一致：1个单元(使用'未指明	与上级一致：最大射程自动开火(	与上级一致：18.52公里(使用'未指
制导武器 - 亚声速导弹	与上级一致：1发 (使用'未指明' 目	与上级一致：1个单元(使用'未指明	与上级一致：最大射程自动开火(	与上级一致：18.52公里(使用'未指
制导武器 - 超声速导弹	与上级一致：1发 (使用'未指明' 目	与上级一致：1个单元(使用'未指明	与上级一致：最大射程自动开火(	与上级一致：18.52公里(使用'未指
制导武器 - 弹道导弹	与上级一致：1发 (使用'未指明' 目	与上级一致：1个单元(使用'未指明	与上级一致：最大射程自动开火(	与上级一致：18.52公里(使用'未指

重置武器使用规则（使用继承的设置）　重置关联的作战单元（与上级保持一致）　重置关联的作战任务（与上级保持一致）

图 3-36　武器使用规则设置

（一）武器-目标类型

武器-目标类型位于第一列。列出了所选对象装备的所有武器。点击武器名称前面的"＋"号，在子一级的列表中显示该武器所有可攻击的目标类型。这些目标按照空中目标、水面目标以及地面目标的顺序排列。

（二）齐射武器数

齐射武器数位于第二列。通过选中下拉列表中的选项，可以设置所选武器对该目标齐射的发数。不同类型目标的可选项不同。

1. 撤退

当毁伤程度、燃油、主要攻击武器、主要防御武器的数量达到规定的数量时，作战单元应当撤退，进行补给或返回基地，作战单元所在编组的其他作战单元无需撤退。

(1) 毁伤程度大于：作战单元毁伤程度大于一定程度时，返回基地。

忽略毁伤：不考虑毁伤程度对撤退的影响。

5%：当作战单元毁伤程度大于5%时，应撤退。

25%：当作战单元毁伤程度大于25%时，应撤退。

50%：当作战单元毁伤程度大于50%时，应撤退。

75%：当作战单元毁伤程度大于75%时，应撤退。

（2）或燃油少于：作战单元燃油少于一定量时应撤退，如果可补给，则向补给点机动补给，否则返回基地。对于核燃料，其燃料量可认为是100%。对飞机来说，其当前油量占比计算应不考虑备用燃料箱油量。

忽略燃油限制：不考虑燃油对撤退的影响。

Bingo燃油：燃油已经消耗完，剩余燃油只能用于返回基地，此时应撤退。

25%：当前剩余油量少于25%，应撤退。

50%：当前剩余油量少于50%，应撤退。

75%：当前剩余油量少于75%，应撤退。

（3）或主要攻击武器至少处于：所谓主要攻击武器是指作战单元中对地面设施、舰船或雷达等目标进行打击的、射程最大的武器。通过设定主要攻击武器的当前数量与缺省配置数量的比值，触发作战单元是否应撤退，如果可补给，则向补给点机动进行补给，否则返回基地。

忽略：不考虑主要攻击武器对撤退的影响。

耗光：主要攻击武器耗光后，应撤退。

25%：主要攻击武器数量低于25%时，应撤退。

50%：主要攻击武器数量低于50%时，应撤退。

75%：主要攻击武器数量低于75%时，应撤退。

（4）或主要防御武器至少：所谓主要防御武器是指作战单元中除诱饵之外，可对飞机、制导武器等目标进行打击的、射程最大的武器。通过设定主要防御武器的当前数量与缺省配置数量的比值，触发作战单元是否应撤退，如果可补给，则向补给点机动进行补给，否则返回基地。

忽略：不考虑主要防御武器对撤退的影响。

耗光：主要防御武器耗光后，应撤退。

25%：主要防御武器数量低于25%时，应撤退。

50%：主要防御武器数量低于50%时，应撤退。

75%：主要防御武器数量低于75%时，应撤退。

2. 重新部署

作战单元的毁伤程度、燃油、主要攻击武器、主要防御武器的数量达到规定的数量时，在停泊行动/船舶状态对话框中提示作战单元应当重新部署。

在"作战条令与交战规则"对话框中点击"撤退与重新部署"按钮，进入撤退与重新部署界面，在该界面可以撤退与重新部署条件。

(1) 毁伤程度大于：作战单元毁伤程度大于一定程度时，提示重新部署。

忽略毁伤：不考虑毁伤程度对重新部署的影响。

5%：当作战单元毁伤程度大于 5% 时，提示重新部署。

25%：当作战单元毁伤程度大于 25% 时，提示重新部署。

50%：当作战单元毁伤程度大于 50% 时，提示重新部署。

75%：当作战单元毁伤程度大于 75% 时，提示重新部署。

(2) 且燃油少于：作战单元燃油少于一定量时提示重新部署。对于核燃料，其燃料量可认为是 100%。

忽略燃油限制：不考虑燃油对重新部署的影响。

Bingo 燃油：燃油已经消耗完，剩余燃油只能用于返回基地，此时应提示重新部署。

25%：当前剩余油量少于 25%，应提示重新部署。

50%：当前剩余油量少于 50%，应提示重新部署。

75%：当前剩余油量少于 75%，应提示重新部署。

(3) 且主要攻击武器至少处于：通过设定主要攻击武器的当前数量与缺省配置数量的比值，提示作战单元重新部署。

忽略：不考虑主要攻击武器对重新部署的影响。

耗光：主要攻击武器耗光后，应提示重新部署。

25%：主要攻击武器数量低于 25% 时，应提示重新部署。

50%：主要攻击武器数量低于 50% 时，应提示重新部署。

75%：主要攻击武器数量低于 75% 时，应提示重新部署。

(4) 且主要防御武器至少：通过设定主要防御武器的当前数量与缺省配置数量的比值，提示作战单元重新部署。

忽略：不考虑主要防御武器对重新部署的影响。

耗光：主要防御武器耗光后，应提示重新部署。

25%：主要防御武器数量低于 25% 时，应提示重新部署。

50%：主要防御武器数量低于 50% 时，应提示重新部署。

75%：主要防御武器数量低于 75% 时，应提示重新部署。

第三节　竞赛平台系统的任务规划

点击主菜单中的"任务规划"，进入任务规划菜单，可创建与编辑任务，以及对与任务有关的参考点进行相关操作与控制，如图 3-37 所示。

任务模块主要有两个功能"创建任务"和"任务甘特图"，此模块主要是对任务进行创建和编辑。

图 3-37　任务规划菜单

一、任务

（一）创建任务

在任务规划菜单中点击"创建任务"按钮，弹出"新建任务"对话框，如图 3-38 所示。允许快速创建任务，快捷键为"Ctrl + F11"。有些任务要求在创建之前选择目标或添加参考点。

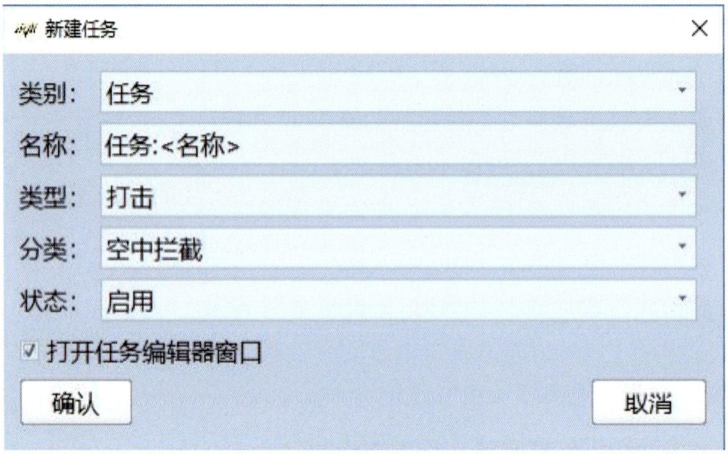

图 3-38　新建任务

类别：选择默认值"任务"即可。
名称：给任务定义名称。
类型：根据需求选择任务的类型。仿真系统定义了 6 大类型任务。不同的任务类型可以有子类型和它们自己的条令及触发条件。任务有面向区域的和面向目标的。面向区域的任务，例如巡逻任务，由参考点来定义。面向目标的任务，例如打击任务，由目标单元定义。基于区域的任务将在地图上显示任务区域的轮廓。

（1）打击任务：是对指定或分类的目标和已确认的敌方目标的攻击行动。打击任务包含以下子分类。

① 空中截击：分配给这一任务的单元将试图对选定的空中目标进行拦截和交战。

② 对陆打击：分配到这一任务的单元将移动到武器的攻击范围内，对选定的地面目标进行打击。

③ 对海打击：分配到这一任务的单元将移动到选定的武器范围内，对选定的水上目标

进行打击。

④ 对潜打击：分配到这一任务的单元将移动到选定的武器范围内，对选定的水下目标进行打击。

（2）支援任务：让用户指定特定单元按照指定路径巡航。预警（空中早期预警）、加油（空中加油）和侦察任务适用此任务。

（3）转场任务：将一个飞机从一个地方转移到另一个地方。

（4）巡逻任务：是由参考点定义的区域任务。

巡逻任务包含以下子分类：

① 空战巡逻：空中目标，分配到这一任务的单元将积极寻找和调查/确定空中目标。

② 反水面战巡逻（海上）：水上目标。

③ 反水面战巡逻（陆上）：地面目标。

④ 反水面战巡逻（混合）：混合－非水中目标。

⑤ 反潜战巡逻（海上）：水中目标。

⑥ 压制防空巡逻：压制敌军防空巡逻。

（5）布雷任务：所有布雷任务的区域由参考点指定。

（6）扫雷任务：所有扫雷任务是由参考点指定的区域任务。获得此任务的单元将在任务区域巡航并扫清地雷。

任务有"启用"和"未启用"两种状态。"启用"状态下，创建的任务在推演开始时就启动；"未启用"状态下，推演开始时并不会启动该任务。

（二）任务甘特图

在任务甘特图中，允许创建、删除、编辑和管理任务，如图 3-39 所示。

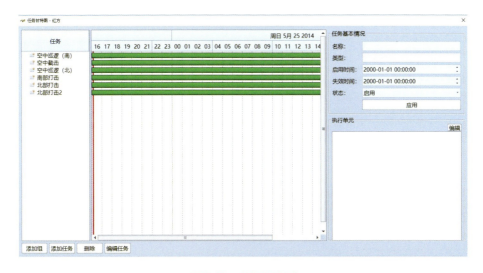

图 3-39　任务甘特图

作战任务列表：列出了所有已创建任务的名称。

任务基本情况:当前所选任务的基本情况。
添加组:即新建一个组,可将任务分类放入组内。
添加任务:即新建一个任务,点击该按钮,弹出"新建任务"对话框。
删除:删除所选中的任务。

二、编辑任务

新建任务对话框只是对任务进行初步设置,对任务的详细设置需要在"任务编辑器"中进行。

新建任务时,"打开任务编辑器对话框"复选框在勾选状态下,点击"确定"按钮即可进入"任务编辑器"对话框。

点击"任务规划"菜单下的"任务甘特图"按钮,在选择任务中点击"编辑任务",也可以进入"任务编辑器"对话框。

(一)编辑任务的流程

选定任务:在任务甘特图左边的作战任务列表中,选择编辑的任务,点击"编辑任务"按钮,如图 3-40 所示。

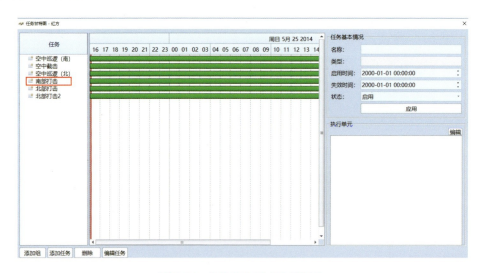

图 3-40　任务甘特图中选择任务

分配任务:在弹出的任务编辑器中分配给任务的作战单元列表中有三个按钮,允许编辑列表中的单元,如图 3-41 所示。

状态:启用/未启(创建的任务要生效就需要改状态为启用,否则反之操作)默认为启用。这使得用户可以将任务设置为不活动的,并使用一系列触发器来激活它。

启动时间和失效时间:设置启动时间和失效时间会使任务在特定时间内执行(默认为空)。

图 3-41　任务编辑器单元分配及目标清单

预案名称：勾选"是否启用"复选框才可以使用预案（只有特定任务才有预案）。

如果推演方由人扮演则清除任务：如果选中，该任务将不会在推演模式中填充到任务列表中，只出现在编辑模式中。

任务条令、电磁管控与武器使用规则：设置该任务中所有对象的传感器状态和武器使用规则等操作。

所选飞机进行出动准备：在列表中的飞机旁边选择一个复选框，按下这个按钮就可以调用"飞机出动准备"对话框。可以快速更改飞机挂载。

标记所选单元执行护航任务：选择飞机旁边的复选框，可以将它们设置为空对空，或者是一个攻击组内的空中护航。飞机执行护航任务时，它们的描述中有一个"护送"标记。

取消所选单元的护航任务：取消护航任务。

任务参数设置：任务参数因任务类型而异。在任务描述区，可对所选任务的参数进行设置，如图 3-42 所示。

注意事项：只有打击任务才可以进行标记所选单元执行护航任务和取消所选单元执行护航任务操作。

（二）给单元分配任务

如图 3-43 所示，"任务编辑器"对话框的右上部分为"未分配给任务的作战单元"列表，是未分配给任务的作战单元存放区域，显示等待分配任务的单元。其左边是"分配给任务的作战单元"列表，显示分配给所选任务的所有作战单元。

给单元分配任务时，只需通过勾选"未分配给任务的作战单元"列表中的复选框选定该

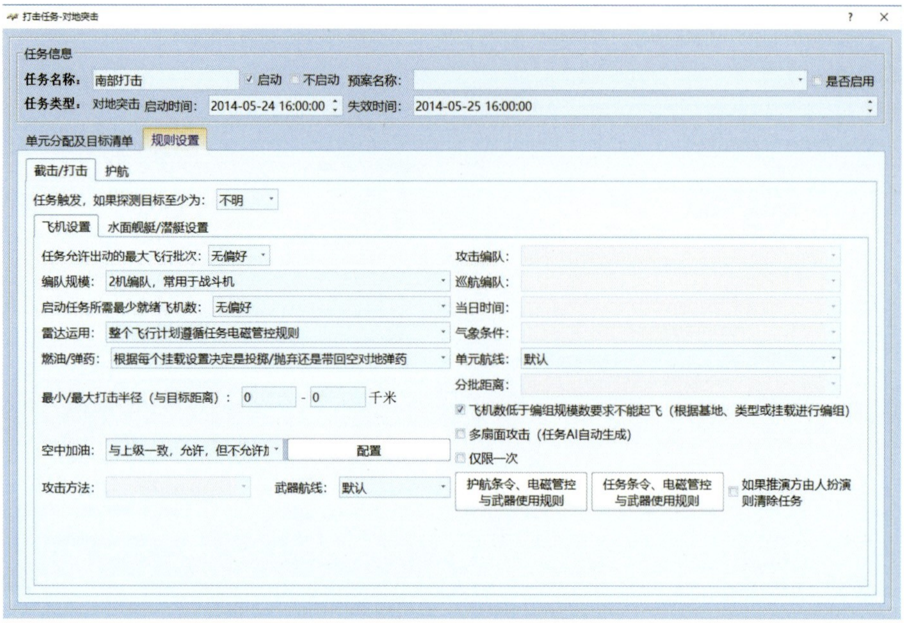

图 3-42 任务编辑器规则设置

图 3-43 给单元分配任务

单元,该对话框会将同一类型的飞机和载荷一起进行分组,因此可能需要通过单击旁边的"+"符号来展开组,可以一次选定多个单元,或者通过选择根级别的复选框来选择整个组。然后点击"≪"按钮,即可将"未分配给任务的作战单元"框中选中的作战单元移动到"分配给任务的作战单元"框中。

如果需要删减一个单元,可进行逆向操作。点击"≫"按钮可以进行相反的操作,即将

"分配给任务的作战单元"框中选中的作战单元移动到"未分配给任务的作战单元"框中。

(三) 截击/打击任务参数设置

截击/打击任务的任务描述由两大部分组成,左边是"单元分配及目标清单",右边是"规则设置"。

在单元分配及目标清单部分,主要是对作战单元进行分配及目标设置,如图3-44所示。

图 3-44　任务参数设置单元分配及目标清单

目标清单如图3-45所示,新建任务的目标清单为空。可点击"添加图上目标"按钮,在地图上选择需要打击的目标。

图 3-45　目标清单

在"规则设置"中,可对任务参数进行设置,如图3-46所示。

任务触发,如果探测目标至少为(下拉框有不明、非友方和敌对方三个值):

① 不明:即使是不明目标,只要到达任务执行时间则立即打击目标,否则保持原来状态。

② 非友方:如果目标被确认为非友方,并且到达任务执行时间则立即打击目标,否则保

图 3-46　任务参数设置规则设置

持原来状态。

③ 敌对方:如果发现的目标被确认为敌对方,并且到达任务执行时间则立即打击目标,否则保持原来状态。

编队规模:用于确定编队出动的飞机数量。例如给任务分配了三架飞机,若选择 4 机编队,那么飞机将可能不能起飞。下拉框有五个可选项:

① 单机。

② 2 机编队,常用于战斗。

③ 3 机编队,常用于轰炸机。

④ 4 机编队,常用于攻击机。

⑤ 6 机编队,常用于中/重型攻击机。

燃料/弹药:用于设置空对地弹药的处理方式。下拉框有三个选项值,对应三种处理方式:

① 根据每个挂载设置决定是投掷/抛弃还是带回空对地弹药。

② 在最远距离上投掷/抛弃空对地弹药以满足最大打击半径。

③ 如果目标不能打击则带回空对地弹药。

启动任务所需的最少就绪飞机数:可以设置为无偏好,如有,可以根据需求设置。

任务允许出动的最大飞行批次:设置任务的飞行批次。

最小/最大打击半径(与目标距离):设置最小/最大打击半径。

雷达运用:设置雷达的开机时机,有三种选择:

① 整个飞行计划遵循电磁管控规则。

② 从初始点到 Winchester 武器状态点打开雷达。

③ 从进入攻击航线段到 Winchester 武器状态点打开雷达。

空中加油：对是否允许加油进行设置，有四种选择：

① 允许。

② 允许，但不允许加油机对加油机加油。

③ 不允许。

④ 与上级一致——允许，但不允许加油机对加油机加油。

飞机数低于编组规模数要求，不能起飞（根据基地、类型、挂载进行编组）：勾选复选框即可设置此功能。例如前面说到的给任务分配了三架飞机，若选择 4 机编队，当飞机数低于编组规模数要求不能起飞有效时，则飞机将不能起飞。

多扇面攻击（任务 AI 自动生成）：勾选后会进行扇面攻击。

仅限一次：任务仅执行一次。

水面舰艇/潜艇设置：

① 编队规模：同飞机设置编队规模类似。

② 水面舰艇或潜艇数低于编队规模要求，不能出击（根据基地进行编组），类似于飞机数低于编组规模数要求，不能起飞，勾选复选框即可设置此功能。

（四）护航任务参数设置

打击任务可以进行标记所选单元执行护航任务，护航任务的参数设置与前面基本相同，如图 3-47 所示。

图 3-47　护航设置

对飞机的设置包括战斗机/或压制敌防空等火力打击任务和电子战、侦察与预警等非火力打击任务。

1. 火力打击任务

(1) 编队规模:用于确定编队出动的飞机数量。例如给任务分配了3架飞机,若选择4机编队,则飞机将可能不能起飞。下拉框有5个可选项:

① 单机。
② 2机编队,常用于战斗。
③ 3机编队,常用于轰炸机。
④ 4机编队,常用于攻击机。
⑤ 6机编队,常用于中/重型攻击机。

(2) 任务执行所需的最低护航数:设置最低护航飞机数。
(3) 飞机任务允许的最大护航数:设置最大护航飞机数。
(4) 最大威胁响应半径:设置最大打击半径。

2. 非火力打击任务

(1) 飞机编队规模:设置飞行编队规模。
(2) 任务执行所需的最低就绪护航数:设置最低护航飞机数。
(3) 飞机任务允许的最大护航数:设置最大护航飞机数。

飞机数低于预编组规模要求,不能起飞(根据基地、类型或者挂载编组):勾选复选框即可设置此功能。

3. 水面舰艇/潜艇设置

(1) 编队规模:与飞机设置编队规模类似。
(2) 水面舰艇或潜艇数低于编队规模要求,不能出击(根据基地进行编组):类似于飞机数低于编组规模数要求,不能起飞,勾选复选框即可设置此功能。

(五) 巡逻任务参数设置

任何机动单元都可以被分配一个巡逻任务。如果一个单元或编组被分配了这个任务,它的所有的子单元都将被分配这个任务,如图3-48所示。

规则设置区域的设置如图3-49所示。

阵位上每类平台保持 ☐ 个作战单元(0时忽略):设置保持执行任务的平台数量。

1/3规则:如被勾选,则可能的话,保持1/3的可用飞机在空。

对巡逻区外的探测目标进行分析:如被勾选,单元会离开巡逻区侦察/确认附近的目标;如未勾选,行动会限制在区域内。

对武器射程内的探测目标进行分析:勾选后将会进一步侦察已经发现的不明目标的确切信息。

仅在巡逻/警戒区内打开电磁辐射:如被勾选,单元离开巡逻区时关闭雷达,避免泄露其父级单元位置。

第三章 竞赛平台系统操作与使用

图 3-48 巡逻任务设置——单元分配及区域编辑

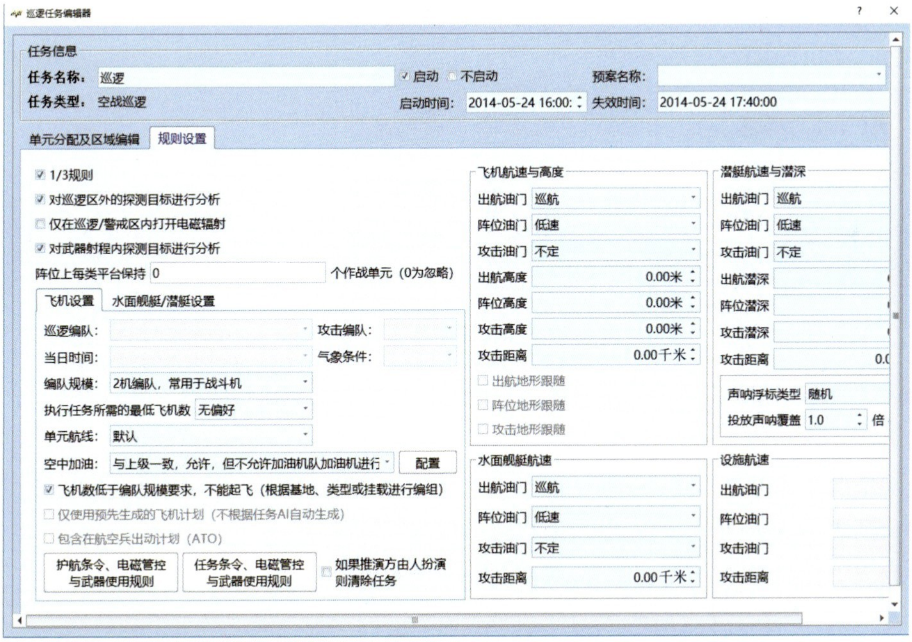

图 3-49 巡逻任务设置——规则设置

编队规模：用于确定编队出动的飞机数量。

飞机数低于编组规模数要求，不能起飞（根据基地、类型、挂载进行编组）：勾选后，如果分配给该任务的作战单元少于选择的编组规模，则飞机不会起飞。

水面舰艇/潜艇设置：

① 编队规模:与飞机设置编队规模类似。

② 水面舰艇/潜艇数低于编队规模要求,不能出去(根据基地进行编组):勾选复选框即可设置此功能。

巡逻区的设置如图3-50所示。警戒区的设置界面与操作相同。

图3-50 巡逻任务单元实体设置

巡逻区列表:该区域存放的是参考点区域(至少三个参考点来定义巡逻区域)。

向上/向下:调整参考点位置。

添加地图中选择的参考点:将在地图中选中的参考点的位置添加到该区域。

删除列表中选择的参考点:将列表中选中的参考点删除。

将列表中选择参考点置中显示:将选择的参考点在地图上居中的位置显示。

验证区域:验证参考点所组成的区域是否有效。

飞机航速与高度部分:

① 出航油门:可以选择巡航、低速、军用、加力和不定其中一个。

② 阵位油门:可以选择巡航、低速、军用、加力和不定其中一个。

③ 出航高度:设置飞机出航时的高度。

④ 阵位高度:设置飞机阵位的高度。

⑤ 攻击油门:设置飞机攻击时的油门。

⑥ 攻击高度：设置飞机的攻击高度。
⑦ 攻击距离：设置飞机的攻击距离。

潜艇航速与深度部分：

① 出航油门：可以选择巡航、低速、全速和最大其中一个。
② 阵位油门：可以选择巡航、低速、全速和最大其中一个。
③ 出航潜深：设置潜艇的出航深度。
④ 阵位潜深：设置潜艇的阵位深度。
⑤ 攻击潜深：设置潜艇攻击时的深度。
⑥ 攻击距离：设置潜艇的攻击距离。

水面舰艇航速部分：

① 出航油门：设置水面舰艇的出航油门。
② 阵位油门：设置水面舰艇的阵位。
③ 攻击油门：设置水面舰艇攻击时的油门。
④ 攻击距离：设置水面舰艇的攻击距离。

（六）支援任务参数设置

支援任务的参数设置如图 3-51 所示，除红框标记的内容之外，其他均与巡逻任务的参数选项设置相同。

图 3-51　支援任务设置

阵位上每类平台保持 _____ 个作战单元(0时忽略):设置保持执行任务的平台数量。

1/3规则:如被勾选,可能的话,保持1/3的可用飞机在空。

对巡逻区外的探测目标进行分析:如被勾选,单元会离开巡逻区侦察/确认附近的目标;如未勾选,行动会限制在区域内。

对武器射程内的探测目标进行分析:勾选后将会进一步侦察已经发现的不明目标的确切信息。

仅在巡逻/警戒区内打开电磁辐射:如被勾选,单元离开巡逻区时关闭雷达,避免泄露其父级单元位置。

编队规模:用于确定编队出动的飞机数量。

空中加油:对是否允许加油进行设置,以及对空中加油任务设置。

飞机数低于编组规模数要求不能起飞(根据基地、类型、挂载进行编组):勾选后,如果分配给该任务的作战单元少于选择的编组规模,则飞机不会起飞。

水面舰艇/潜艇设置:

① 编队规模:同飞机设置编队规模类似。

② 水面舰艇/潜艇数低于编队规模要求,不能出去(根据基地进行编组):勾选复选框即可设置此功能。

导航类型:分为连续循环、一次循环两种。

连续循环:飞机围绕任务参考点转圈,直到燃油耗尽。

一次循环:飞机绕任务参考点转一圈后,返航。

在一个加油周期后,当加油队列为空时,加油机返回起降机场:勾选复选框即可选择。

加油机最多可为 _____ 架受油机加油,与最近编队会合(0时忽略):勾选复选框即可选择,可以设置加油机最多给多少受油机加油。

编辑支援航线:支援航线最少需要2个参考点,其操作与巡逻区的参考点操作相同。

支援任务的飞机航速与高度、水面舰艇航速、潜艇航速与潜深以及设施航速设置与巡逻任务相比,只是少了攻击状态下的相关设置,其他设置操作均相同。

(七) 转场任务参数设置

转场的目的地通常是单元、设施或可容纳单元的基地。这一般是友方或中立方的设施。在建立转场任务前,需要先指定转场的目的地,可在地图上点击选取,如图3-52所示。

转场规则:

① 单程:任务仅执行一次。

② 循环:起点与终点之间来回循环。

③ 随机:随机触发一个循环。

编队规模:下拉框有五种选择(单机、2机编队常用于战斗机、3机编队常用于轰炸机、4机编队常用于攻击机、6机编队常用于中/重型攻击机),根据任务的情况来选择编队规模。

图 3-52　转场任务参数设置

空中加油：下拉框有四种选择（允许；允许，但不允许加油机对加油机加油；不允许；与上级一致——允许，但不允许加油机对加油机加油），点击配置进行空中加油任务设置。

任务执行所需的最低飞机数：设置该值后，少于该值的飞机数不能执行任务。

飞机数低于预编组规模要求，不能起飞（根据基地、类型或者挂载编组）：勾选复选框即可执行，默认勾选。

飞机航速与高度：

① 转场油门：有低速、巡航、军用、加速、不定等速度选择。

② 转场高度：可设定执行任务时飞机飞行的高度。

（八）布雷任务参数设置

所有布雷任务的区域由参考点指定。获得此任务的单元将随机布雷在指定区域内，此区域要有足够容量布置，且要有效。

适合此任务的单元是对应的水面舰艇、潜艇和配备布雷器的特定飞机，并带有布雷挂载，如图 3-53 所示。

1/3 规则：被勾选时，如果可能，保持 1/3 的可用飞机在空。此任务只执行一次，之后删除任务。任务完成后该单元可自由分配。

水雷解除保险延迟：水雷布置后，启动时间默认是 2 小时。表示在此时间内水雷不会被触发爆炸引信。

编队规模：如果编队规模设为单机，则需要取消勾选"飞机数低于编队规模要求，不能起飞"复选框，否则会提示低于规模数量，无法起飞。

空中加油：下拉框有四种选择（允许；允许，但不允许加油机对加油机加油；不允许；与上级一致——允许，但不允许加油机对加油机加油），点击配置进行空中加油任务设置。

执行任务所需的最低飞机数：下拉框有九种选择，包括所有飞机编队出动，无偏好，1 机编队，2 机编队，3 机编队，4 机编队，6 机编队，8 机编队，12 机编队。

飞机数低于编队规模要求，不能起飞（根据基地，类型挂载进行编组）：勾选有效。

图 3-53 布雷任务参数设置

(九)扫雷任务参数设置

扫雷任务参数设置如图 3-54 所示。

图 3-54 扫雷任务参数设置

1/3 规则:被勾选时,如果可能,保持 1/3 的可用飞机在空。此任务只执行一次,之后删除任务。任务完成后该单元可自由分配。

编队规模:如果编队规模设为单机,则需要取消勾选"飞机数低于编队规模要求,不能起飞"复选框,否则会报错。

空中加油:下拉框有四种选择(允许;允许,但不允许加油机对加油机加油;不允许;与上级一致——允许,但不允许加油机对加油机加油),点击配置进行空中加油任务设置。

执行任务所需的最低飞机数:下拉框有九种选择,包括所有飞机编队出动,无偏好,1 机编队,2 机编队,3 机编队,4 机编队,6 机编队,8 机编队,12 机编队。

飞机数低于编队规模要求,不能起飞(根据基地,类型挂载进行编组):勾选有效。

三、参考点基本操作

这个模块的主要功能是对参考点进行"增""删""改"操作。

（一）增加参考点

在任务规划菜单中，点击"增加参考点"按钮，在想要添加的位置上左键点击，弹出"增加参考点"对话框，可以调整经纬度，点击"确定"按钮，参考点增加完成，如图3-55所示。

图 3-55　增加参考点

（二）删除参考点

选中参考点（选中参考点之后参考点会变成黄色），在任务规划菜单中点击"删除参考点"，可删除任意所选点。

（三）调整参考点

选中参考点之后，在任务规划菜单中点击"调整参考点"按钮，弹出"调整参考点"对话框，可以修改参考点名称及经纬度，如图3-56所示。

图 3-56　修改参考点

（四）取消选中参考点

选中多个参考点（选中参考点之后参考点会变成黄色），在任务规划菜单中点击"取消选中参考点"，可以让选中的参考点状态改为非选中状态。

（五）定义区域

在任务规划菜单中点击"定义区域"按钮，可在地图上随意定义一个矩形区域，松开鼠标即可添加成功，如图 3-57 所示。

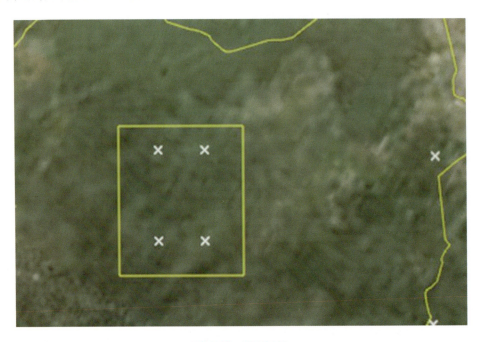

图 3-57　定义区域

（六）航线管理

在任务规划菜单中，点击"航线管理"按钮，弹出"航线管理器"对话框，可以进行航线的预设，也可以调整已经预设的航线，如图 3-58 所示。

四、参考点关联操作

在任务规划菜单中，参考点关联操作如图 3-59 所示。

（一）关联所选参考点（固定方位）

该属性的参考点与所选单元或编组之间保持对应位置关系。参考点被设定时，名称前有[f]标志。

操作步骤：选中几个参考点（选中参考点之后参考点会变成黄色），在任务规划菜单中点

第三章　竞赛平台系统操作与使用

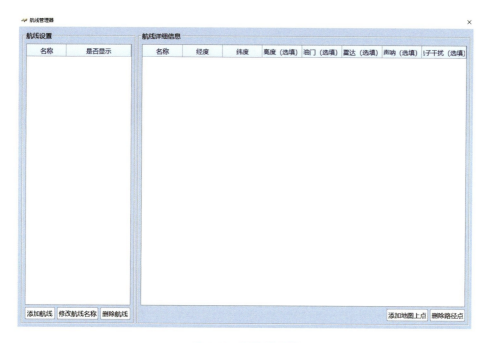

图 3-58　航线管理器

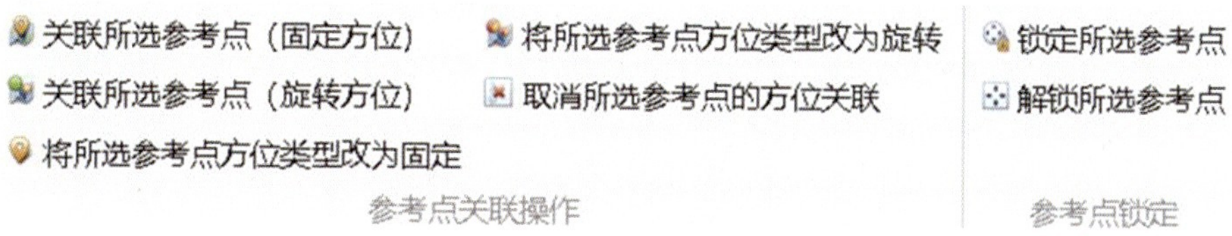

图 3-59　参考点关联操作

击"关联所选参考点（固定方位）"按钮，再点击参考单元，接着参考点就会有[f]标志。

（二）关联所选参考点（旋转方位）

参考点设定为其位置与所选单元或编组之间的路径成为对应关系。参考点被设定时，名称前有[r]标志。

操作步骤：选中几个参考点（选中参考点之后参考点会变成黄色），在任务规划菜单中点击"关联所选参考点（旋转方位）"按钮，再点击参考单元，接着参考点就会有[r]标志。

（三）将所选参考点方位类型改为固定

操作步骤：选中已有[r]标志的参考点（可以参考上面的步骤操作），在任务规划菜单中点击"将所选参考点方位类型改为固定"按钮，然后点击参考单元，参考点标志就会变为[f]标志。

（四）将所选参考点方位类型改为旋转

操作步骤：选中已有[f]标志的参考点（可以参考上面的步骤操作），在任务规划菜单中点击"将所选参考点方位类型改为旋转"按钮，然后点击参考单元，参考点标志就会变为[r]标志。

（五）取消所选参考点方位关联

操作步骤：选中已有[f]（或[r]）标志的参考点（可参考上面的步骤操作），在任务规划菜单中点击"取消所有参考点的方位关联"按钮，然后点击参考单元，参考点上的[f]（或[r]）标志会消失。

五、参考点锁定

（一）锁定所选参考点

当参考点被锁定时，位置会被固定在锁定的点位，无法对参考点进行移动编辑等操作。选中需要锁定的参考点，在任务规划菜单中点击"锁定参考点"按钮，所选参考点被锁定。

（二）解锁所选参考点

在任务规划菜单中，选中已经锁定的参考点，点击"解锁参考点"按钮，参考点上的锁会消失不见，参考点恢复可编辑状态。当参考点解除锁定时，参考点可再次使用并移动。

六、区域

该模块主要描述"禁航区"和"封锁区"的设置和应用。

（一）禁航区

禁航区是指定单元禁止进入的区域。

在任务规划菜单中，点击"禁航区"选择下拉菜单中"编辑禁航区"子菜单，弹出"禁航区"编辑器。在该编辑器中，可以对任一禁航区进行编辑，可在禁航区列表中选择需要编辑的禁航区，如图3-60所示。

"禁航区编辑器"的上部为禁航区列表，左下方为"选定区域"，可在此指定禁航区对哪些对象有效，用于此区域的单元可在飞机、水面舰艇、潜艇、地面单元等对象中选取。如果勾选"区域已锁定"选项，那么在推演状态下对阵人员不能再进行编辑。

在"描述"文本框中可输入该区域的名称。

当需要添加新的参考点时可以点击"添加地图中选择的参考点"按钮。先在地图上选中所需添加的参考点，然后在"编辑禁航区"对话框中选择点击"添加地图中选择的参考点"。

当需要删除某个参考点时，选中标题下方要删除参考点的编号，然后再点击"删除列表里选择的参考点"，删除该参考点。根据不同的假想情况，我们需要不断地添加或删除参

图 3-60　禁航区设置

考点。

图 3-61　封锁区

当禁航区的参考点未被选中时,选中列表中的一个参考点,点击"将列表中选择参考点位置中显示",那么地图中就会显示该参考点(被选中状态)。

点击验证区域,验证该禁航区域是否有效。

"编辑禁航区"对话框正下方有"保存"和"删除"按钮,适用于当前被选中的禁航区(说明下方列表中被选择的禁航区)进行删除或是保存操作。

新建禁航区时,首先要确认已经选择了需要建立禁航区的推演方。在地图上建立和选择参考点,由这些参考点形成禁止指定单元进入的区域。点击"禁航区"按钮,选择单击"根据所选参考点创建"子菜单,弹出"禁航区编辑器"对话框。可看到所选中的参考点已经出现在参考点列表中。可以在地图上选中并拖动参考点,以对其位置进行调整,也可以选中列表中的参考点,然后点击"删除列表里选择的参考点"按钮,对参考点进行删除。

(二)封锁区

封锁区是指非本方目标进入该区,如舰船或飞机,会变成事先指定的对阵关系的目标。如图 3-61 所示"编辑封锁区"对话框。封锁区的建立方法可参考禁航区的建立方法。

第四节 竞赛平台的推演实施

一、热键

竞赛平台热键如表 3-1 所示。

表 3-1 竞赛平台热键

类型	热键	效果	类型	热键	效果
地图操作	鼠标右键点击	位置居中	作战命令	F1	自动接战目标
	上箭头,数字键8	地图上移		Shift + F1	手动接战目标
	右箭头,数字键6	地图右移		Ctrl + F1	纯方位攻击
	左箭头,数字键4	地图左移		F2	油门-高度/深度
	下箭头,数字键2	地图下移		F3	航线规划
	Z,鼠标滚轮	放大地图,降低摄像机高度		F4	编队编辑
	X,鼠标滚轮	缩小地图,升高摄像机高度		F5	弹药库

续表

类型	热键	效果	类型	热键	效果
单元操作	V, Pg Up, 数字键 9	切换作战编组/单元视图	作战命令	F6	空中行动
	\	选择下一个单元		F7	舰艇停靠行动
	Backspace	选择前一单元		F8	挂载-武器
	T	跟踪所选单元		F9	传感器
	Del	删除所选航路点		Ctrl + F9	电磁频谱管控
	Ctrl + Ins	添加参考点		Ctrl + Shift + F9	作战方作战条令
	Ctrl + R	重命名参考点		F10	系统毁伤状态
	Ctrl + Del	删除参考点		F11	任务编辑器
	Ctrl + End	取消对所有参考点选择		Ctrl + F11	创建新任务
	Ctrl + D	测距/测向工具	本方单元	D	将所选单元脱离编组
	End, Num 1	切换显示目标照射矢量		A	切换所选单元武器禁射/继承发射授权
	Home, Num 7	切换显示标准矢量		Ctrl + A	切换所有单元武器禁射/继承发射授权
	*(star)	切换显示数据块		I	切换所选单元攻击时忽略计划航线
	Ctrl + M	清空消息输出		Ctrl + I	切换所有单元攻击时忽略计划航线
	Ctrl + Shift + M	消息输出单窗显示		E	放弃目标
	Ctrl + V	导演视角(全部可见)		Ctrl + E	脱离接战(放弃所有目标)
	Ins	添加单元		L	所选单元保持阵位
	C	复制单元		Ctrl + L	所有单元保持阵位
	Shift + C	克隆单元		Shift + [	投放被动吊放声呐,浅-温跃层上
	M	移动单元		[	投放被动吊放声呐,深-温跃层下

续表

类型	热键	效果	类型	热键	效果
单元操作	R	调整单元名称	本方单元	Shift +]	投放主动吊放声呐，浅-温跃层上
	Del	删除单元		]	投放主动吊放声呐，深-温跃层下
	Alt + S	切换作战方		Shift + D	部署吊放声呐
	Ctrl + X	将地图坐标系拷贝到粘贴板		O	显示本方战斗序列
	Ctrl + F6	添加/删除飞机		U	取消所选单元分配的任务
	Ctrl + F7	添加/删除停靠舰艇		G	将所选单元进行编组
探测目标	P, Pg Dn, Num 3	放弃目标(s)	推演控制	Ctrl + Enter 或空格	暂停/开始推演
	H	标定为敌对方		+（小键盘）	推演加速
	Ctrl + H	标定为非友方		-（小键盘）	推演减速
	N	标定为中立方		Enter（小键盘）	将时间压缩比设置为1∶1
	F	标定为友方		Esc	中止或退出特殊模式
	R	重命名	备注：对于键盘命令，Num Lock 必须关闭		

二、手动操作方法

主要是配合使用各个热键如：实时调整武器使用规则、电磁管控设置或者 F3 规划航线之后通过 F2 调整油门与高度或深度（详细请查看官网教学视频：www.ciccwargame.com）。

三、武器挂载选择

（一）对空武器的选择

1. 空对空武器

主要为航空机炮与空空导弹。

（1）按距离：

近距：射程一般为几百米至 20 千米，具有较高的机动能力，如 PL-8A、PL-10、AIM-9M"响尾蛇"、R-73M1"射手"。

中距:射程一般为 20 千米至 100 千米,如 AA-10"杨树"、R-77-1"蝰蛇"。

远距:射程大于 100 千米,为超视距空空导弹,如 PL-15、AIM-120C 先进中程空空导弹。

(2) 按制导方式:

红外制导:针对空中热源,如"眼镜蛇"、R-73M1"射手",多为近距格斗。

半主动雷达制导:需要飞机雷达照射引导,如 AA-10"杨树"。

主动雷达制导:发射之后自动寻找目标,大部分空空导弹都是。

反辐射导弹:自动攻击雷达目标,如 AS-17C"氪"。

制空战机挂载方案一般为航炮+近程空空导弹+中远程空空导弹,例如:J-20 重型挂载为 5×30MM Gsh-30-1 型航炮 + 2×PL-10 + 10×PL-15;F-35A 重型挂载为 6×25MMGAU-22/A 平衡者型航炮+2×AIM-9X"响尾蛇"+6×AIM-120D 型先进中程空空导弹。

(3) 选择依据:

选择的挂载类型主要依据作战类别(作战目标的作战能力)、燃油消耗(所要执行作战任务的时间、强度、距离、有无加油机)与隐身能力(内部与外部挂载的差异)。

2. 地(舰)对空武器

主要为高射炮(舰艇上也有近防炮)与防空导弹。高射炮作用很小,不作详细介绍,下面主要介绍导弹类。

地空导弹的分类方法很多,主要有:

(1) 按射高:

高、中、低空(不作详细介绍)。

(2) 按射程:

远程:100 千米以上,如 HQ-9B、S-300、S-400。

中程:20~100 千米,如 HQ-16A、SA-5、SA-9。

近程:0~20 千米,如 HQ-10、SA-3、SA-11、SA-15、SA-17。

(3) 按能力:

HQ 系列突出对低空掠海目标的强力打击拦截能力。

S-300、S-400 突出对超远距目标的打击能力。

(二) 对地(海)武器的选择

1. 空对地(海)武器

主要为航空机炮、航空炸弹与空对地(反舰)导弹。

(1) 航炮:一般口径较大,对地面单位有一定的伤害,但对如空军基地、地下指挥控制站、舰艇伤害微乎其微。

(2) 航空炸弹:

① 按所受空气阻力高低:

高阻炸弹:外形短粗,长细比小,流线型差,空气阻力系数大,只适用于跨音速以下的飞机内挂使用(如 FAB-500M-54 型 500 公斤引导式贯通炸弹、LS-6-500)。

低阻炸弹:外形细长,长细比大,流线型好,阻力系数小,适用于高速飞机外挂(如 FAB-1000M-62 型低阻力自由落体弹、MK-82 低阻力通用炸弹、MK-84 低阻力通用炸弹、BetAB-500SP 型反跑道钻地弹)。

② 按炸弹使用高度:

中、高空炸弹:没有减速装置(低阻力炸弹)。

低空炸弹:有减速装置(外形或者尾部设置减速装置,目的是使飞机安全通过之后爆炸)。

③ 按照有无制导装置:

非制导炸弹:是指从载机投放的靠惯性自由下落或依靠火箭增程的炸弹,此类炸弹命中概率低(自由落体弹)。

制导炸弹:载机投放后,利用制导装置能自动导向目标的炸弹,命中精度高,制导方式主要有激光制导炸弹(如美系 GBU-10、GBU-12、GBU-24、GBU-49)、电视制导炸弹(如苏系 KAB 系列炸弹)和红外制导炸弹。

④ 按照结构:

整体炸弹:整个炸弹的各零部件连接成一个整体,挂弹使用时可将炸弹整体悬挂在载机挂弹架上,投弹后直至命中目标爆炸之前,炸弹始终保持一个整体(大部分炸弹)。

集束炸弹:将多颗炸弹通过集束机构连接为一体,投弹后,在空中一定高度上集束机构打开,多颗小炸弹分散下落(如 RBK 系列、美国 F-35 挂载的 CBU-97、CBU-105 型集束弹)。

子母炸弹:是将许多小炸弹装填在一个母弹箱内,挂弹时,母弹挂在载机挂弹架上,投弹后,母弹箱离开载机一定时间后,母弹体开箱,子炸弹自由散落或靠动力弹射出去分散下落(如美国 F-18A 挂载的 CBU-78 加图尔子母弹、F-35 挂载的 CBU-103 风修正子母弹)。

(3) 空对地(反舰)导弹:

① 按制导方式:

地形匹配制导:多用于攻击远距离固定地面目标的巡航导弹,如战斧。

红外热成像制导:射程较近,如 Kh-29D。

激光制导:一般末端才开启,如 Kh-29T 和 Kh-29TE。

主动雷达制导:需要惯导或中继制导,如 Kh-29MP。

被动雷达制导/辐射源跟踪/反辐射:如 AS-11、AS-17C 反辐射导弹、YJ-91。

全球定位系统制导:射程较远,精度一般,适合携带字母弹头攻击或模糊覆盖,只能攻击地面固定目标,如 GPS、格洛纳斯、北斗。

一般会使用复合制导,组合方式多,主要有以下几种:

惯性 + 末端主动雷达/激光制导:多用于远程反舰导弹,如 Kh-59MK。

惯性制导 + GPS 制导 + 红外成像末制导:如 AGM-158 联合防区外空地导弹。

惯性 + 中程修正 + 末段主动雷达:多用于远程反舰导弹,如 LS-500J。

惯性＋地形匹配＋末段主动雷达：如先进巡航导弹、YJ-83K。

惯性制导＋双向数据链＋末端电视制导：如 KD-88。

惯性＋全球定位系统(GPS)＋红外成像：如 AGM-84K"鱼叉"。

2. 地对地(海)武器

主要为火箭炮与地对地(反舰)导弹。

(1) 火箭炮：该平台上火箭炮使用较少，主要为神鹰-400，特点是射程远、载弹量多、毁伤能力高、火力覆盖性强。

(2) 地对地(反舰)导弹：

① 按飞行弹道：

巡航导弹：指导弹的大部分航迹处于巡航状态，用气动升力支撑其重量，靠发动机推动力克服前进阻力在大气层内飞行的导弹。

弹道导弹：在火箭发动机推力作用下按预定程序飞行，关机后按自由抛物体轨迹飞行的导弹。

② 按射程：

洲际弹道导弹：大于 8 000 千米，如东风-5、东风-31A、东风-41。

远程弹道导弹：4 000～8 000 千米，如东风-4、东风-31。

中程弹道导弹：1 000～4 000 千米，如东风-16、东风-26C/D。

近程弹道导弹：小于 100 千米，如东风-11、东风-15、BP-12。

主要以使用中近程弹道导弹为主，用于压制敌机场或精确摧毁敌重要设施(指挥所)，因大部分为坐标毁伤，所以对高速移动目标打击效果欠佳。不同型号也有不同的使用特性，如 BP-12 对永久性单实体机场的压制能力、东风-26C 的高突防和隐藏能力。

3. 舰对地(海)武器

主要为舰艇主炮、舰对地(舰)导弹以及鱼雷(对潜深水炸弹)。不同类型舰艇主炮与鱼雷性能差别不大，因此这里主要介绍舰对地(舰)导弹。

按飞行速度可分为：

弹道导弹：如东风-26D。

超音速导弹：如 YJ-18(三倍音速)、YJ-12、雄风-3。

亚音速导弹：如雄风-2、RGM-84G"鱼叉"。

巡航导弹：如 UGM-109E"战斧"。

其中超音速导弹在模拟中体现出其高载弹量和强突防能力。弹道导弹虽然伤害高、打得准，但作战费效比高、载弹量有限，加之速度过快，往往末端制导后来不及改变弹道方向。亚音速导弹主要依靠饱和再饱和的打击来摧毁目标，突防能力差，一般使用超音速瘫痪目标＋亚音速摧毁目标模式。

四、态势判断

态势判断主要为作战节奏的连携与敌情的判读分析。以空战为例，作战节奏的连携主要是指在夺取制空权之中或之后的对地攻击连续性的把握,或者多线进攻时对飞行编队队形以及投入战斗先后顺序的把握;敌情判读主要是指对地方兵力部署的掌握以及战术和意图的判读。

以上两点需要靠长期的训练和实战来积累,是个人综合能力的体现,也是比赛胜负的关键。

第五节 战报拟制

一、战报的定义

战报原意是指在古代战争中,将领向上级或者统治者报告战况的文书,通常都是加急的秘密等级较高的信件。

在兵棋推演中,战报是指推演结束后,推演人员针对某一场推演的整个过程或者某个阶段进行的复盘研究,通常以文字、图表或视频形式表现出来。

二、战报的要素

一篇优秀战报通常包含以下必备的要素:推演编组、战前分析、作战计划、作战经过、交战结果、经验总结等,与之对应的是战斗的每个进程。众所周知,组织一场军事行动通常由受领上级任务、分析判断情况、定下战斗决心、拟制作战计划、协调作战保障、组织复盘总结及经验交流等几个部分组成,因此要想写好一篇战报就必须向组织战斗的一般流程看齐,否则,所拟制的战报就会缺项漏项,从而无法把这场战斗描述清楚,很难将这场推演完美地展现给读者。

三、战报的拟制要求

(一) 内容要求

1. 理论和实战相结合

理论和实践是相辅相成的,不能任意割裂两者的辩证关系,孤立地强调一个方面,这就要求我们要把所学到的战术思想、军事理论融入到具体的战斗行动中去,所以在拟制战报的过程中一定要不断注明此战斗部署是基于怎样的战术思想,在最后的经验总结中要说明此次推演即战斗实践怎样反作用于我们的战术思想,对我们的军事理论作出了怎样的补充和升华。

2. 定性和定量相结合

在拟制战报的过程中要注重定性和定量的关系,当描述一个作战计划或者作战部署时,不应该想当然地假设所遇到的情况,要站在更高的层面分析,首先从敌我双方的武器性质入手,包括战机的性能、舰船的等级、装甲的厚度、单兵的素质等,而后再具体量化,要缜密持重地定量分析,对敌方在某个区域可能出现的具体兵力要做好预案,从而在执行计划时做到心中有数、忙而不乱。综上,这样所描述的作战计划才是完整的、可执行的。

3. 战前规划和战后分析相结合

开国大将陈赓曾说过:"枪声一响,作战计划作废一半。"由此我们可以看出战前计划固然重要,但比战前计划还重要的是战后分析即复盘总结,这也是我们撰写战报的重要意义之一,所以在拟制战报的过程中要把相当一部分篇幅放在复盘总结和经验交流上,重点分析战前计划的不足及改进措施,这是整篇战报的核心,切勿舍本逐末把重心放在作战过程上,如不能剖析出原计划的缺陷和不足,整场推演则毫无价值和意义。

4. 历史推演与先进训法战法相结合

在人类的战争史上发生过大大小小、难以计数的战争与冲突,也涌现了一批又一批杰出的将领与帅才,他们的战法在当时的环境下取得了最大的战果。战法能不能复制,战术能不能照搬,这得具体情况具体分析,比如韩信背水一战就能旗开得胜,而马谡却丢掉了街亭,所以历史上成功的战争案例、作战推演必须要与当下的环境相结合才能发挥出最大价值,这就要求我们要多了解当下先进的战法及训法,古今结合,力求完善。

(二)评分标准

表3-2所示为"墨子杯"2021第五届全国兵棋推演大赛的战报评选的评分标准,供大家参考。

表 3-2 战报评分标准

序号	项目	评分标准及分值				备注
1	战法创新(20分)	观点新颖,视角独特,有鲜明创新点(17~20分)	观点新颖,有明显创新点(14~16分)	观点正确,没有抄袭现象(10~13分)	观点守旧,照抄范文明显(10分以下)	1.参加评审的专家背对背分别打分,去掉最高分和最低分,取各项平均得分之和
2	情况分析(20分)	分析严密,逻辑合理,要素齐全(17~20分)	分析合理,表述准确,要素较全(14~16分)	分析清楚,有层次(10~13分)	分析不严,层次不清,缺少逻辑关系(10分以下)	

续表

序号	项目	评分标准及分值				备注
3	战法设计(20分)	战法方案完备,思路清晰,步骤详细(17~20分)	战法方案多样,思路清晰,步骤明白(14~16分)	战法方案合理,思路正确(10~13分)	战法方案单一,步骤缺少要素(10分以下)	2.战报需按统一下发的行文规范编写,模板供参考,否则视情况扣1~5分。
4	作战过程总结(20分)	过程清晰,内容充实,详略得当,总结深刻,结论论据充分(17~20分)	过程清晰,内容充实,结论总结较好,有理有据(14~16分)	过程基本清晰,内容较好,结论论据到位(10~13分)	观点内容平淡,详略不当,结论证据不足(10分以下)	3.使用电脑标图,运用名言典故,运用军语及在作战方案、总结中有突出独创亮点,视情况加1~5分。
5	格式语言(20分)	语言流畅,逻辑性强,表述准确,专业性强,格式规范,排版美观(17~20分)	语言通顺,有逻辑性,较为准确达意,格式规范,排版好(14~16分)	语言通顺、表达清楚,格式基本规范(10~13分)	语言基本通顺,说理不够,格式混乱(10分以下)	4.创新观点和独特分析角度为评选重点。运用多场数据大样本分析、比较,或结合推演实践有创新的作战理论和观点等,视情况加2~10分

第四章　兵棋推演活动组织与实施

兵棋推演深植于战争实践，历史上，兵棋推演深得军事人员的信任，原因就在于其推演规则与裁决方法比较真实地反映了战场的实际情况。更重要的是，兵棋推演可以营造沉浸式、压迫式推演环境，迫使推演人员产生切肤之痛，形成深刻记忆。与传统的作战理论学习方法相比，使用"未来指挥官"平台的兵棋推演，生动灵活，结论直接，印象深刻，是各级指挥员和参谋人员学习作战理论和军兵种知识的重要工具。

第一节　竞赛想定编辑

想定编辑功能仅在新建想定时或加载想定（编辑模式）下和推演模式导演席位可用。点击最上方的"想定编辑"，将弹出"想定编辑"菜单，想定编辑主要包含想定基本信息、推演方设置、作战部署三个模块，如图 4-1 所示。

图 4-1　"想定编辑"菜单

一、想定基本信息

想定基本信息的主要功能是对想定时间、想定描述、战场环境、想定精细度的设置。

（一）想定时间

在"想定编辑"菜单中，点击"想定时间"按钮，弹出"时间-持续"对话框，如图 4-2 所示。允许设置想定当前时间、想定开始时间、想定持续时间、复杂度、难度和发生地点。

想定当前时间：设置当前想定时间。

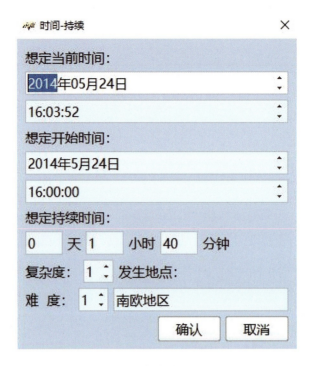

图 4-2　想定时间设置

通过对日期字段的各个元素(年、月、日)来输入或调整日期,通过手动操作时、分、秒或输入数字设置一个时间。

想定开始时间:设置想定实际开始的时间。通过对日期字段的各个元素(年、月、日)来输入或调整日期,通过手动操作时、分、秒或输入数字设置一个时间。

想定持续时间:在天、小时、分钟字段中输入一个数值来设置这个值。

复杂度:允许编辑器使用1—5设置想定复杂性。这将在加载想定对话框中由复杂的绿色栏比例反映出来。

难度:允许编辑器使用1—5设置想定难度。这将反映在加载想定对话框中的绿色栏的难度。

发生地点:允许编辑器填充一个文本值,该文本值将显示在加载想定对话框的位置字段中。

(二)想定描述

在"想定编辑"菜单中,点击"想定描述"按钮,弹出"编辑想定标题与描述"对话框,该对话框允许编辑器添加出现在"加载想定"对话框中的想定标题和描述性文本,如图4-3所示。

在标题文本框中可输入一个文本内容,以指定想定的标题。它将出现在"加载作战想定"对话框右侧想定描述下方。描述输入框中可输入的文本内容(针对想定背景简单描述)、图片和链接将出现在"加载作战想定"的想定描述中。可使用复制和粘贴功能。

第四章　兵棋推演活动组织与实施　　83

图 4-3　想定描述

（三）战场环境

在"想定编辑"菜单中，点击"战场环境"按钮，弹出如图 4-4 所示"气象环境配置"对话框。

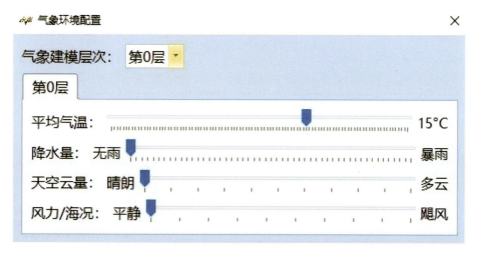

图 4-4　想定气象配置

控制推演中的天气状况：滑动标尺来操纵平均温度、降雨量、天空云量（能见度）和风力/海况条件。这些设置当前是全局的。

影响推演中的单元的天气因素有：

（1）平均温度：温度影响许多传感器，但主要是红外传感器。在夜间，人造和机械的物体在红外传感器的背景下更加突出。相反地,白天(尤其是在炎热的气候条件下)红外传感器的范围会急剧缩小。

(2)降水量:降雨对可见光、红外和激光传感器都有影响。能见度可以缩小到原有范围的1%—5%,类似的红外传感器甚至会被轻微的降雨严重破坏(例如在暴雨中,"响尾蛇"的跟踪距离比火炮的距离要小)。

(3)天空云量:云层覆盖影响可见光和红外传感器的视线。薄云的覆盖通常意味着高空的散云;飞机可以在云底下飞行,还能在视觉上获取目标,引导激光制导炸弹等。厚云层覆盖意味着在所有的高度上都有厚厚的云层;激光制导可能是困难的或不可能的,除非飞机下降到低空。

(4)风力/海况:海洋状况主要影响船舶的适宜性(目前没有建模)和声呐性能。水面输送在高波和声呐范围内都是无用的,在表面或附近都严重退化。高海浪也提高了低空飞行飞机的最低安全高度。

(四)想定精细度

在"想定编辑"菜单中点击"想定精细度"按钮,弹出如图 4-5 所示对话框。此对话框允许编辑器设定想定的默认精细度。

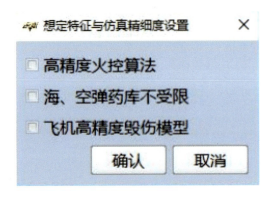

图 4-5　想定精细度设置

高精度火控算法:当被激活的时候,火炮的命中概率和圆概率误差实际上受到了火控的影响,如果传感器被影响,它们可能完全无法开火。在禁用的情况下,即使没有任何指导,火炮也可以开火,而且它们的准确性不受传感器和天气的影响。

海、空弹药库不受限:当被激活时,海战与空战水面舰艇弹药库中的弹药不受限制。

飞机高精度毁伤模型:提高飞机模型毁伤数据的精确性,开启后显示被打击后的受伤程度;若未开启,受到打击后只有被击毁才有信息输出。

要选择一个设置,只需选择一个复选框并单击"确认"按钮。

二、推演方设置

推演方设置主要有推演方设定、导演视图、切换推演方等主要功能。

（一）推演方设定

在"想定编辑"菜单中，点击"推演方设定"，弹出"编辑推演方"对话框，如图 4-6 所示。该功能主要用于制作想定时添加推演方，并编辑他们的属性。推演方可以是用户，也可以是电脑。一方与另一方的关系是由其对阵属性决定的。每一方都有其条令，这是支配其行为机制的一部分。

图 4-6　编辑推演方

添加：点击"添加"，创建新的推演方。在弹出的文本框中输入推演方的名称。

删除：选择一个推演方，点击"删除"，弹出"移除推演方:1"对话框，点击"确定"，删除该推演方及该推演方部署的兵力和制作的任务。

重命名：选择推演方并单击"重命名"，在文本框中输入一个新的名字。

设定对抗关系属性：该属性用于设置推演方的相互关系，有中立、友好、非友和敌对四种关系。选定推演方,然后点击"对抗关系属性",从下拉选项中选择想要的对抗关系。

友好:默认条令下,双方不会相互攻击,会共享交战信息和空军设施。

中立:默认条令下,双方不会相互攻击,不会共享传感器信息。

非友:默认条令下,相互不会开火,但在巡逻任务时将遭遇拦截。彼此可以进行电子战。

敌对:默认条令下,双方将相互攻击,对抗打击双方的作战单元。

推演方只由计算机扮演:勾选后此推演方只由计算机扮演。

集体反应:勾选后将会有集体反应。

自动跟踪非作战单元:勾选后将会自动跟踪非作战单元。

认知对手水平:点击"认知对手水平"下的单选框,分为一无所知、普通水平、知其属方、知其属方与单元、无所不知。可对所需对手水平进行勾选,勾选的水平会影响推演的效果。

颜色设置:点击"配色模板"下拉框,仿真系统提供了"红色方案"和"蓝色方案"两个默认的配色模板供用户选择。此外,用户还可以自定义各方颜色,在下拉列表中想定需要设定的颜色即可。可对推演方所需的颜色进行勾选。推演方颜色主要用来区分各个推演方的作战单元(在三种模式下有所区分)。

训练水平:可通过滑动按钮来改变训练水平,分为新手、实习、普通、老手、顶级。对应影响作战单元打击目标瞄准时间。

作战条令/交战规则按钮:默认设置的作战条令和交战规则、电磁管控规则。

根据想定(任务)需求可进行改变,所有单元和它们的衍生单元将继承这些设置。编辑器可以通过检查可编辑的复选框来设置作战条令/交战规则。

(二)导演视图

在"想定编辑"菜单中,在"导演视图"前的框中打勾,即可看到各个推演方的作战单元。

(三)切换推演方

如果有多个推演方,在想定编辑菜单中,点击"切换推演方"按钮,在下拉菜单中选择想要切换的推演方进行点击,推演方前打对勾表示当前推演方只可在导演模式下切换推演方,如图4-7所示。

图4-7 切换推演方

三、作战部署

作战部署主要为想定进行作战单元部署以及调整作战单元的操作,主要包括部署设定、部署导入和删除本方所有单元。

(一) 部署设定

在"想定编辑"菜单中,点击"部署设定"按钮,弹出如图 4-8 所示下拉功能列表。

图 4-8　部署设定

部署设定操作包括的子功能有添加单元、添加卫星、编辑飞机、编辑停靠舰船、编辑货物、复制单元、克隆单元、移动单元、调整单元名称、删除单元、设置油量与留空时间、单元自动探测到、设置方位、保持阵位。

1. 添加单元

根据想定需求添加所需的单元,如添加飞机、水面舰艇、潜艇、战场设施等单元。快捷键为 Insert,如无推演方,则无法添加单元。

点击"添加单元",单击地图上想要放置的位置。单元位置与单元相符合,如舰船只能在水面)。弹出"添加单元"对话框,如图4-9所示。

图4-9 添加单元

推演方:默认当前推演方,但也可以在"推演方"列表中选择其他推演方进行更改。点击"编辑推演方"按钮,可以添加、删除推演方。

名称字段允许为单元命名,通过删除默认的文本后输入新的名称来实现。

可以通过"过滤条件"来筛选想要的单元。

按类型过滤:在类型列表中选择想要的类型。

按国家过滤:可从下拉列表中选择一个国家来过滤。

按名称排序:可按字母顺序在名称平台列表进行过滤,可以设置为从a到z,或从z到a进行过滤。

按国家排序(按字母顺序):按国家名称字母顺序,可以设置为从a到z,或从z到a进行过滤。

按服役年限排序:从该列的顶部选择,可按服役年限排序。

按退役年限排序:从该列的顶部选择,可按退役年限排序。

当找到想要添加的单元时,点击它选中该单元,并按下确认按钮。

如果添加的单元是舰船或地面设施,它将被添加到地图。但如果是一架飞机,需要选择一个挂载器并点击确定。

2. 添加卫星

根据想定任务需求添加卫星,提供支持。目前,它是自动过滤的,只显示当前在轨道上的卫星,与所设定的当前时间值有关。

添加一个卫星:点击"添加卫星"弹出"添加卫星"对话框,如图 4-10 所示。

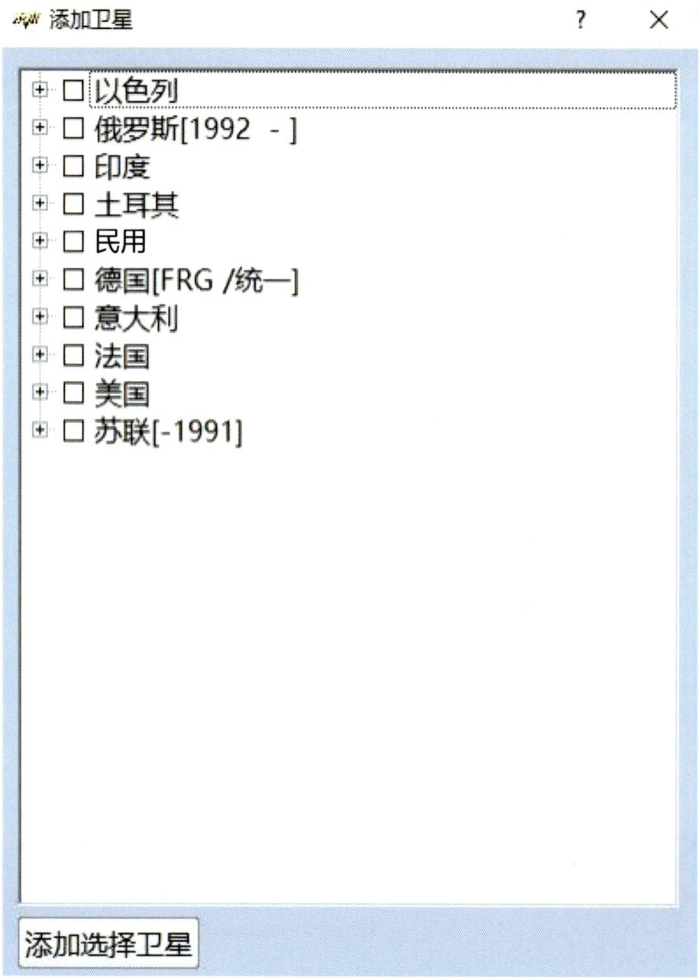

图 4-10　添加卫星

选择卫星,点击"添加选择卫星"按钮,卫星添加成功,会在地图上显示。

删除一个卫星:选择推演地图上的单元,按"Del"键删除它。

3. 编辑飞机

该功能可将飞机添加到任何可以容纳它们的单元或编组中,通过调用"编辑飞机"对话框来实现。一个单元的当前飞机库存显示在左边,编辑飞机的功能和选择列表在右边,如图 4-11 所示。

（1）向单元或编组（机场或空军基地）增加飞机:

选择想要添加飞机的单元、编组、设施或空军基地,并在"想定编辑"主菜单下,点击"单元操作",选择"编辑飞机",它将启动"飞机编辑器"对话框。在"可添加的飞机"对话框中,可以通过型号、国别、飞机名称、服役和退役日期等进行筛选。

选择所要添加的飞机。

呼号:可编辑的文本字段,允许给单元起昵称。

图 4-11　编辑飞机

数量:输入想要添加的飞机数量的数值(超过机场或空军基地的容量则无法添加)。完成后按下"添加所选"按钮。

(2) 从单元或编组中移除飞机:

选择想从当前库存列表中删除的单元,注意"删除所选"按钮已经出现。

在数量字段中设置要删除的单元数,然后单击"应用"。

单击"删除所选"按钮。

4. 编辑停靠舰船

能够添加舰船或潜水器/无人水下航行器到战场设施单元(码头/军港)或舰船中。当启动"编辑停靠船"对话框时,左边显示当前的库存,右边显示可添加舰船的列表,如图 4-12 所示。

添加舰船时,首先需要选中一个码头(如无码头,则需按"添加单元"的方式,选择"战场设施"添加码头),点击"编辑停靠舰船",弹出"编辑停靠船"对话框(与编辑飞机类似)。

5. 复制单元

选择一个现有的单元,按下快捷键"C",然后点击地图来放置复制的单元,可放置多个相同类型和挂载的单元。

6. 克隆单元

选择一个现有的单元,按下快捷键"Shift+C",再点击地图来放置克隆的单元。

第四章　兵棋推演活动组织与实施　　91

图 4-12　编辑舰船停靠

7. 移动单元

在地图上移动一个单元。选择单元,然后按下快捷键"M",再点击地图上的新位置。

8. 调整单元名称

选择一个现有的单元,按下快捷键"R",弹出"重命名对象"对话框,如图 4-13 所示。改变单元名称后,点击"确定"按钮,即改变成功。

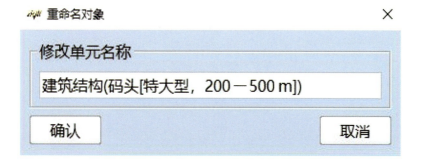

图 4-13　重命名对象

9. 删除单元

选择单元或组,按"Del"键删除单元。

10. 设置油量与留空时间

选中一个单元，点击"设置油量与留空时间"，弹出"设置燃油与留空时间"对话框，如图4-14所示，在"剩余燃油（单位）"后的输入框输入需要设置的燃油量，在"留空时间"后的输入框中设置留空时间。

图4-14 设置油量与留空时间

11. 单元自动探测到

选中一个单元，在"单元操作"下拉选项中，点击"单元自动探测到"，推演时敌方便会自动探测到此单元。

12. 设置方位

在"单元操作"下拉选项中，选择点击"设置方位"设置单元的朝向。针对战场设施（雷达站）或视场范围有限的武器系统更改探测方位。

13. 保持阵位

该命令可以使地面可移动战场设施停留在原地不动。如果单元在保持阵位状态，那么该单元将忽略移动指令。操作方法是选中一个地面可移动单元，在部署设定下拉功能列表中，选择"保持阵位"。

（二）部署导入

部署导入主要由导入作战部署、导出作战部署、导入作战编制等功能组成，如图4-15所示。

图4-15 部署导入

部署导入是推演中最强大的功能之一。它允许编辑器将选定的单元和编组保存/导出到一个文件中，可以将它们导入到其他想定中，或者与其他编辑共享。

导入作战部署：点击"部署导入"按钮，点击"导入作战部署"，弹出"导入作战部署"对话框，如图4-16所示。左侧是导入/导出目录中所有作战部署的层次列表。右侧显示创建文件时输入的信息,以及所有编组成员的列表。可在左侧框点击扩展"＋"号,查看并找到所需导入的单元/编组,对其进行勾选,点击对话框正下方"导入部署"。点击对话框右下角"关闭"按钮,关闭对话框并查看添加的作战编组。

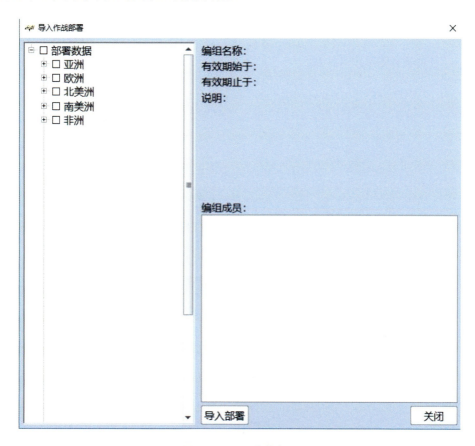

图 4-16　导入作战部署

导出作战部署:选择一个或拖动选择多个想要保存单元和编组,然后在"想定编辑"主菜单下,单击"导出作战部署"按钮,启动"导出单元/编组到数据库"对话框。输入名称、有效期开始时间、有效期截止时间和说明文本字段,点击"保存"按钮,如图4-17所示。

(三)删除本方所有单元

在作战部署模块点击"删除本方所有单元"按钮,删除本方的所有单元(该推演方下的所有单元被删除)。因为没有撤销键,删除后无法恢复,所以此功能需要谨慎操作。

四、战场建设

如图 4-18 所示,该模块主要有"布雷/扫雷"功能。

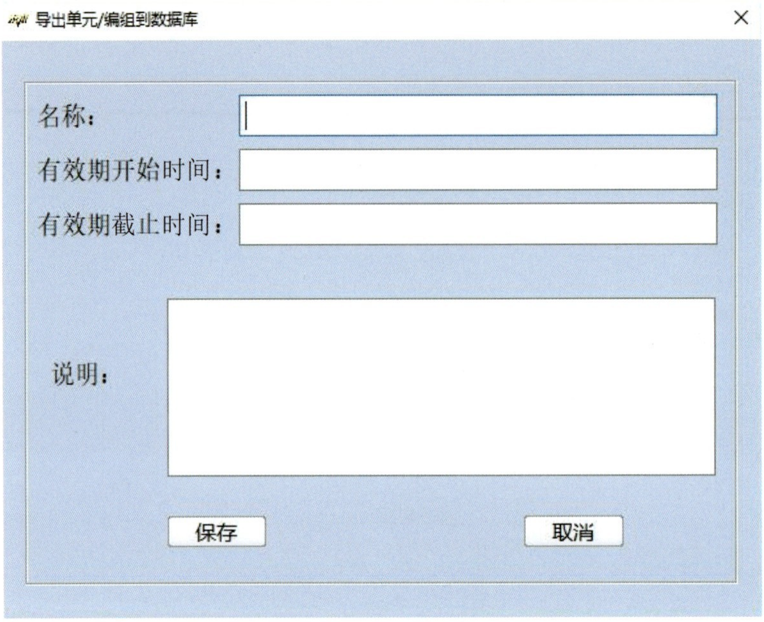

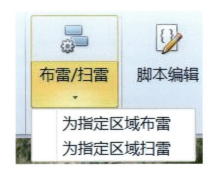

图 4-17　导出作战部署

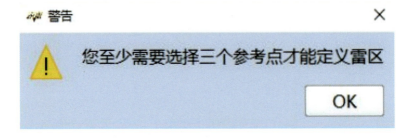

图 4-18　战场建设

（一）为指定区域布雷

如果没有创建参考点会弹出"警告"框提示没有选择足够多的参考点，如图 4-19 所示。

图 4-19　警告

首先选择三个以上的参考点，点击"为指定区域布雷"，弹出"在指定区域布雷"对话框，如图 4-20 所示。

图 4-20　在指定区域布雷

可在"类型"中选择所需类型的雷，在"数量"框中选择需要的数量，点击"添加"按钮，不是所有水雷都能部署成功，不能部署成功的水雷会弹出"信息"提示框，成功部署的水雷也会弹出"信息"提示框，如图 4-21 所示。

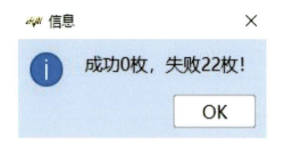

图 4-21　布雷完成

为指定区域布雷操作：

确保已经切换到想要部署地雷的推演方。

创建并选择参考点来定义布雷区。

选择"水雷区"下拉菜单，启动"在指定区域布雷"对话框。

选择水雷的类型和数量。

在部署前，考虑水的深度和水雷的深度参数。该参数可在对话框中名字后面的括号中找到。

根据区域和水深，将随机分布地雷。

（二）为指定区域扫雷

在定义好区域后，点击"为指定区域扫雷"后会将区域内的雷清除。

为指定区域扫雷操作：

选择参考点，确定想要扫雷的区域。也可以新建一个区域，将需要扫除的水雷包含在该区域内。

在"水雷区"下拉菜单中，点击"在指定区域布雷"选择移除指定区域的地雷。

五、事件编辑

事件编辑模块主要由脚本编辑、事件、动作、条件、触发器等功能构成，如图4-22所示。

图4-22 事件编辑

（一）脚本编辑

点击"脚本编辑"按钮，弹出"Lua脚本编辑器"对话框。此编辑器可编写Lua脚本并进行调试，检查是否编写正确，如图4-23所示。

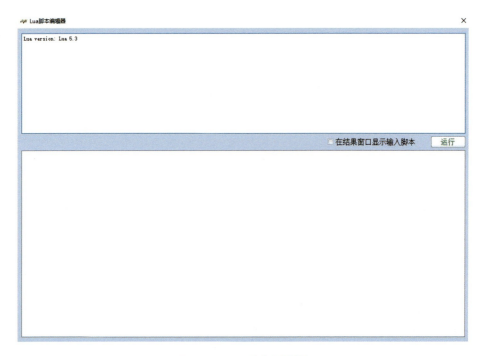

图4-23 Lua脚本编辑器

在下方的空白框中编写Lua脚本，然后点击"运行"，地图上就会显示脚本运行结果，效果如图4-24、图4-25所示。

第四章　兵棋推演活动组织与实施

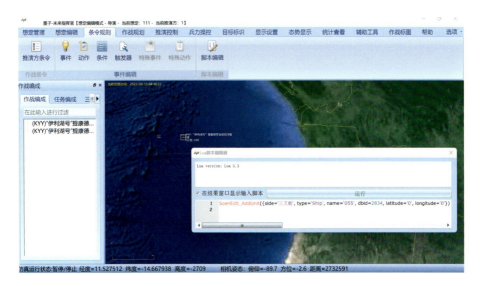

图 4-24　Lua 脚本运行前

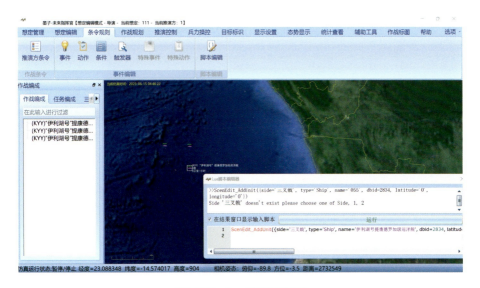

图 4-25　Lua 脚本运行后

（二）事件

事件编辑器是一个强大的工具，它允许编辑器将条件和/或随机事件引入到想定的时间线中，从而为命令的静态人工智能和编辑器的想定故事线提供更多的可变性。在推演系统事件中，动作是由于触发器而发生的。在"想定编辑"主菜单下方的"事件编辑"栏，单击其中的"事件"按钮，将启动"事件"对话框，如图 4-26 所示。

"事件"对话框包含了顶部的所有事件列表和底部的四个按钮。事件列表显示每个事件的描述、是否可重复、是否启用、事件发生的概率等。这些值都是在创建事件时设置的。

创建新事件：启动"编辑事件"对话框。事件是触发器的结果。因此，下面将结合每个对话框用法来创建一个事件。

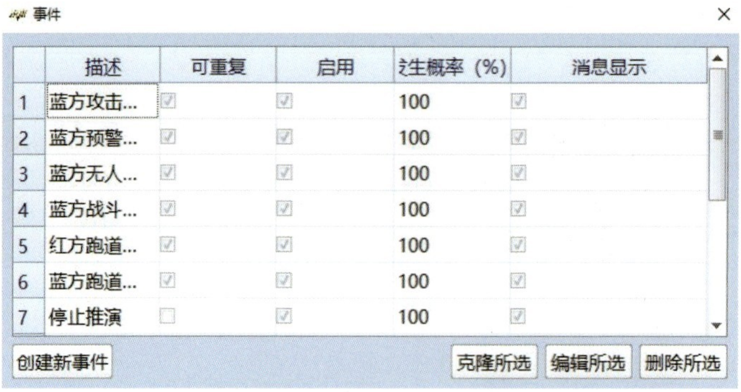

图 4-26 "事件"对话框

首先,单击"创建新事件"按钮,启动"编辑事件"对话框,如图 4-27 所示。此对话框包含了顶部的基本事件参数和下面的特定触发器和操作部分。

图 4-27 编辑事件

事件是由动作和触发器构建的,所以最好先构建它们,可以通过按下"编辑触发器"或"编辑动作"按钮来实现,还可以通过选择动作或触发器进行编辑。一旦构造了必要的动作和触发器,就可以在编辑事件对话框中开始构建事件。

事件可重复:勾选此按钮表示此想定中事件可重复执行。

事件启用:勾选此按钮表示此想定中事件启用,若不勾选代表在这个想定中不会启用这个事件。

事件显示输出区:勾选此按钮表示此想定中事件启用后会将事件显示在输出区的关键事件中。

发生概率:调节发生概率的数值,预估此事件发生的概率。

添加触发器:在触发器中找到需要添加的触发器,点击"添加触发器"按钮。

克隆所选:选中一个事件进行克隆,用于再次编辑。

编辑所选:从列表中选择一个事件,按下此按钮,打开"事件编辑"对话框,对事件进行编辑。

删除所选:选择事件,并按下此按钮。

(三)动作

单击"想定编辑"菜单中的"动作"按钮,弹出"事件动作"对话框,在此对话框可对动作进行新建与管理,如图 4-28 所示。

图 4-28 "事件动作"对话框

创建一个新的动作,可从底部的下拉菜单中选择需要建立的动作类型,并按下"创建新动作"按钮,该按钮将打开动作编辑器,创建动作并修改选项和参数。

编辑现有动作,可从顶部的列表中选择它,并按下"编辑所选"按钮,打开"事件编辑器",可修改动作选项和参数。

删除动作,可从顶部的列表中选择它,并按"删除所选"。如果在现有事件中使用该动作,那么它也将被删除。

动作是触发器的结果,可以在许多触发事件中使用。

动作类型,推演系统中有以下动作类别:

得分:这允许对推演方进行加减分数,如图 4-29 所示。

使用方法:输入动作的描述(例如,100 点,蓝方)。选择一个推演方,输入评分变化,正数为获得的分数,负数为失去的分数,该推演方将获得或失去相对应的分数。

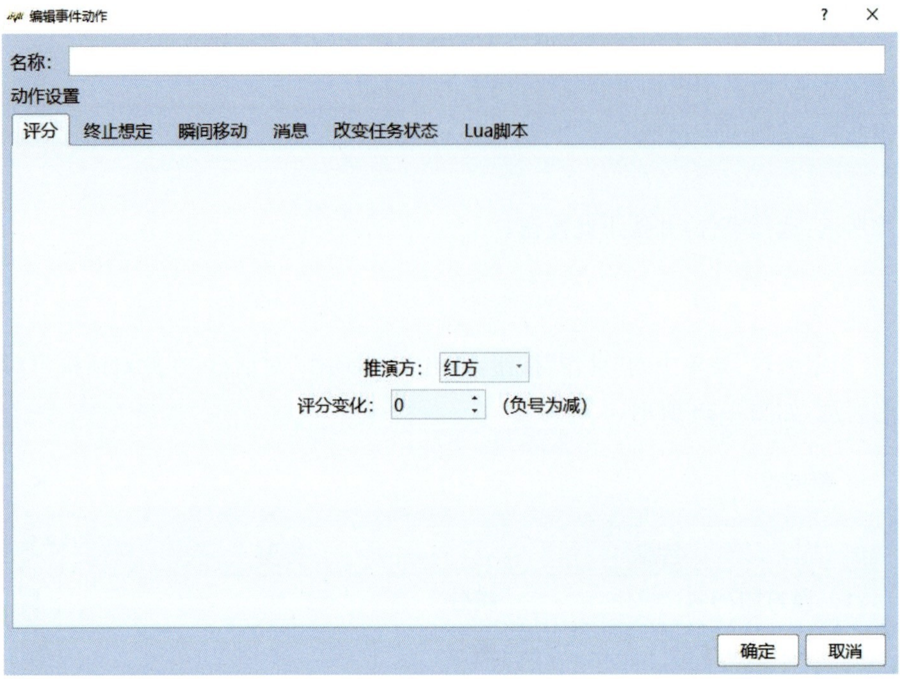

图 4-29　动作-得分

终止想定：此动作终止想定。建议在此之前添加一个消息动作，提醒用户想定将终止，如图 4-30 所示。

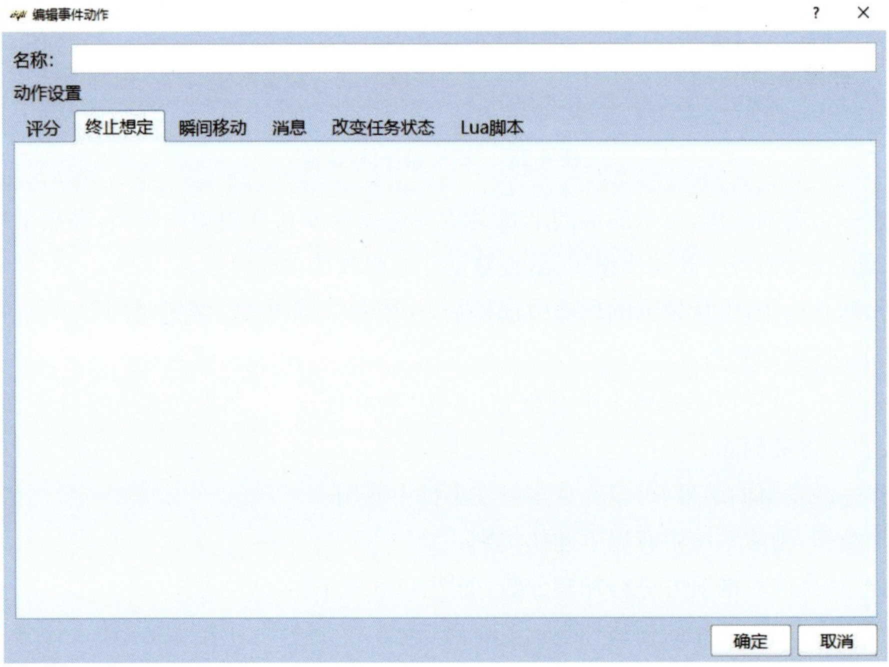

图 4-30　动作-终止想定

瞬时移动：传送单元到指定区域，如图 4-31 所示。

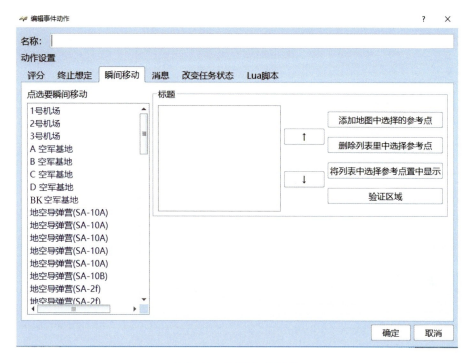

图 4-31　动作-瞬时移动

使用方法：确保传送的目标区域已标记，选择/激活这些参考点，并确保其他参考点被取消。启动事件编辑，添加动作，输入描述文字（例如"第一排降落在机场"）。点击"添加点目前突出显示"设置传送区域。选择想移动的单元。

消息：以用户定义的内容创建一个弹出消息。需要提醒的是，必须在"推演选项"中将特殊的消息的弹出复选框勾上，该消息才能弹出，如图 4-32 所示。

改变任务状态：设置一个任务为活动或非活动。此动作设计用于任务编辑器中的任务状态字段。确保将任务状态（激活/未激活状态）设置为希望任务改变的状态，如图 4-33 所示。

Lua 脚本：可以通过编辑 Lua 脚本来实现编写动作，如图 4-34 所示。

（四）条件

单击"事件编辑"栏中的"条件"按钮，弹出"事件条件"对话框，在此对话框可对条件进行新建与管理，如图 4-35 所示。

要创建一个新的条件，可从底部的下拉菜单中选择需要建立的条件类型，并按下"创建新条件"按钮，该按钮将打开条件编辑器，创建条件并修改选项和参数。

图 4-32　动作-消息

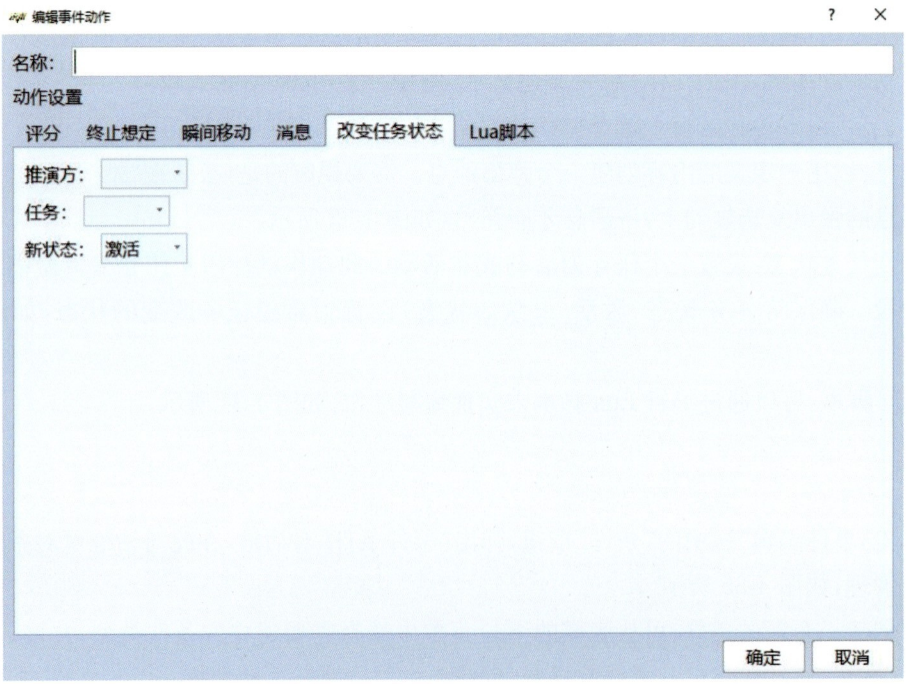

图 4-33　动作-改变任务状态

图 4-34 动作-Lua 脚本

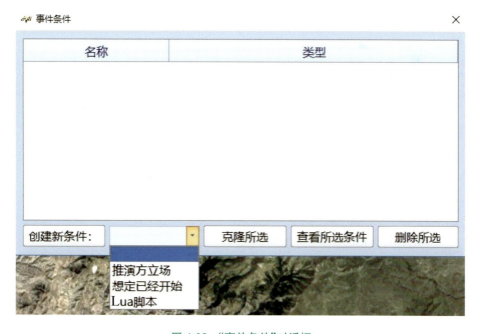

图 4-35 "事件条件"对话框

编辑现有条件,可从顶部的列表中选择它,并按下"编辑选定条件"按钮,打开"事件编辑器",可修改条件选项和参数。

要删除条件,可从顶部的列表中选择它,并按"删除所选"。如果在现有事件中使用该条件,那么它也将被删除。

推演系统中有以下条件类别:

推演方立场:当推演方为所选择的推演方时,会触发此条件,如图4-36所示。

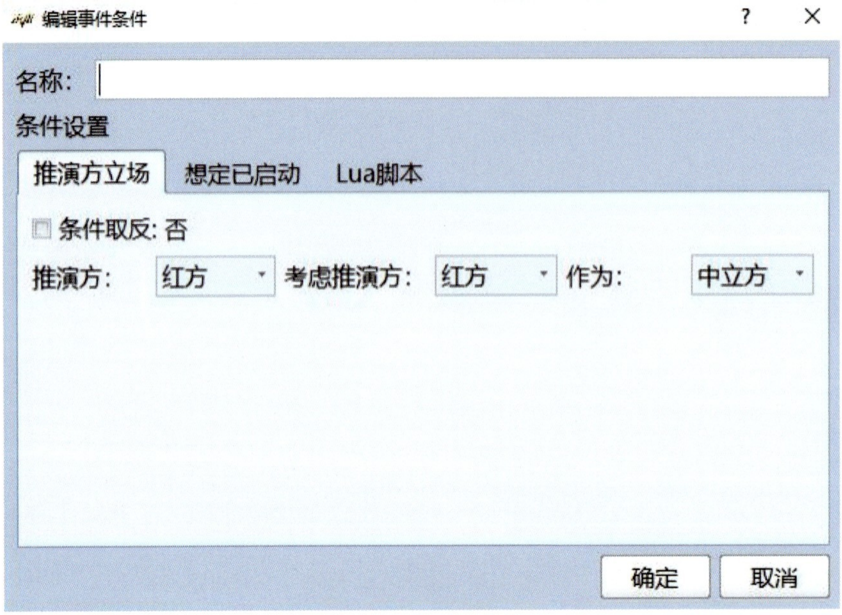

图 4-36　条件-推演方立场

想定已经开始:当想定启动时会触发此条件,如图4-37所示。

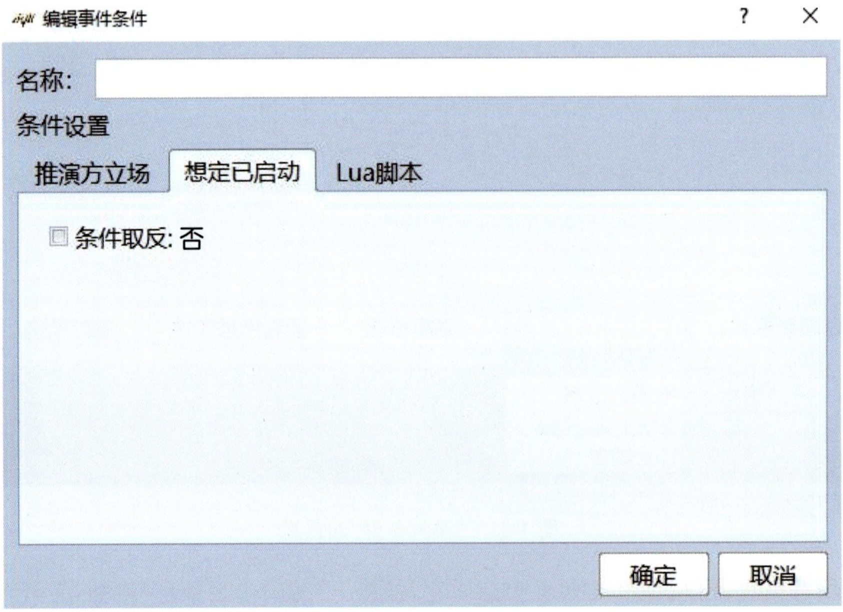

图 4-37　事件条件-想定已启动

Lua 脚本：用脚本语言来设置条件，如图 4-38 所示。

图 4-38　事件条件-Lua 脚本

（五）触发器

触发器启动事件。触发器可用于发起多个事件，但是每个事件必须分别设置，如图 4-39 所示。

图 4-39　"事件触发器"对话框

单击"事件编辑"栏中的"触发器"按钮，弹出"事件触发器"对话框，在此对话框可创建与管理事件触发器。要创建一个新的触发器，需从底部的下拉菜单中选择类型，并按下"创建新触发器"按钮,该按钮将启动编辑事件触发器对话框,允许构造触发器并修改选项和参数。

要编辑一个现有的触发器,可从顶部的列表中选择它,并按"编辑所选",调用"触发器事件编辑器"对话框,允许修改触发器选项和参数。

要删除触发器,可从顶部列表中选择它,并按下"删除所选"。如果在现有事件中使用了触发器,那么它也将被删除。

触发类型:建立新的触发器,需要先选择触发器类型,如图4-40 所示。

单元被摧毁:指定的单元被摧毁时触发,如图4-41所示。

单元被毁伤:指定的单元损伤程度达到指定值时触发,如图4-42 所示。

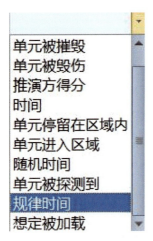

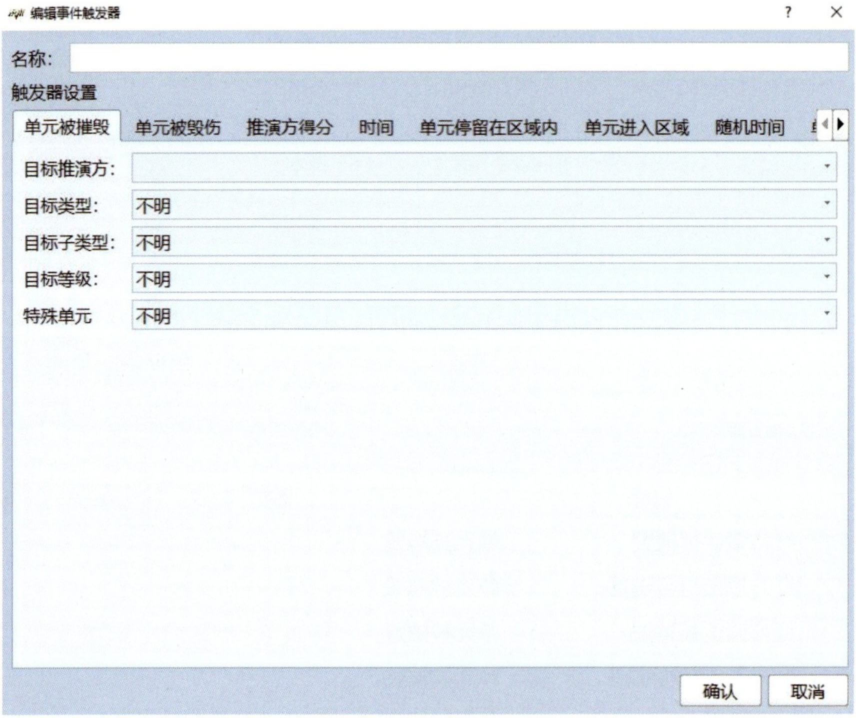

图 4-40　触发器类型

图 4-41　触发器-单元被摧毁

推演方得分:这个触发器可以用来在推演中设置胜利或失败。选择触发器适用的推演方,输入分数,并选择当该方累积分数超过或达到指定分数时,触发点是否发生,如图 4-43 所示。

时间:输入触发器的描述,设置触发应该发生的日期和时间。当推演时钟满足指定的时间时,就会触发这个触发器,如图 4-44 所示。

单元停留在区域内:当单元停留在某个区域时被触发,如图 4-45 所示。

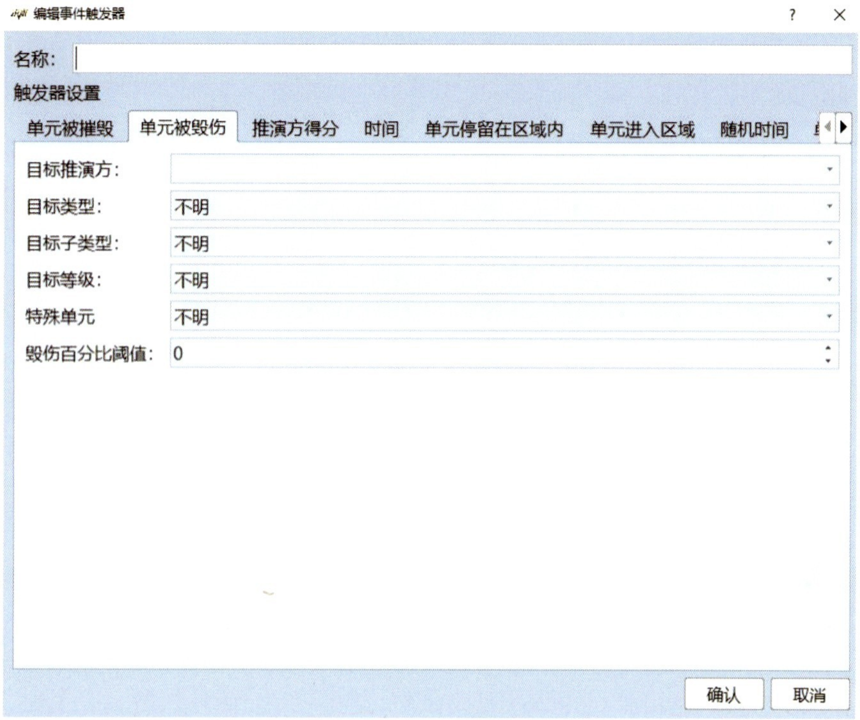

图 4-42　触发器-单元被毁伤

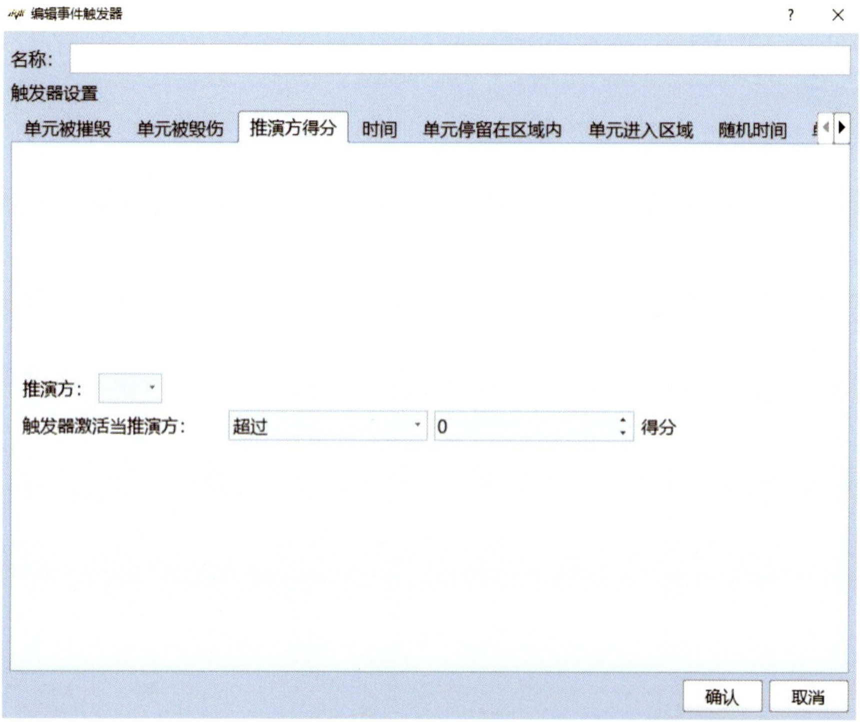

图 4-43　触发器-推演方得分

图 4-44　触发器-时间

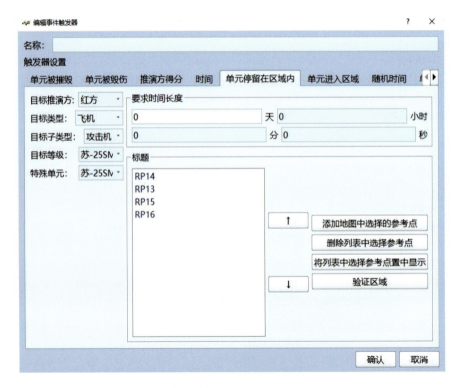

图 4-45　动作-单元停留在区域内

单元进入区域：当单元进入到某区域时被触发，如图4-46所示。

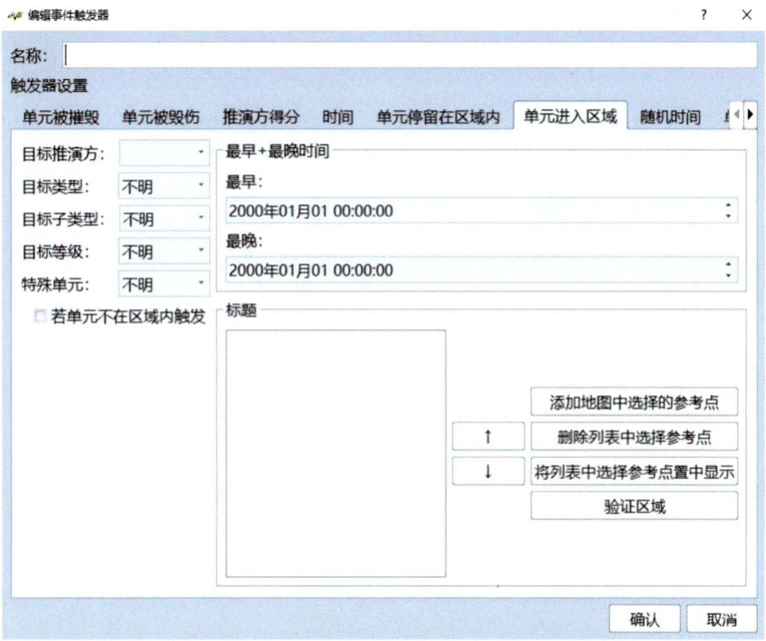

图4-46　触发器-单元进入区域

随机时间：输入触发器的描述，设置触发器有效的日期/时间范围，按"设置随机时间"按钮，设置触发的随机时间，但不会显示，如图4-47所示。

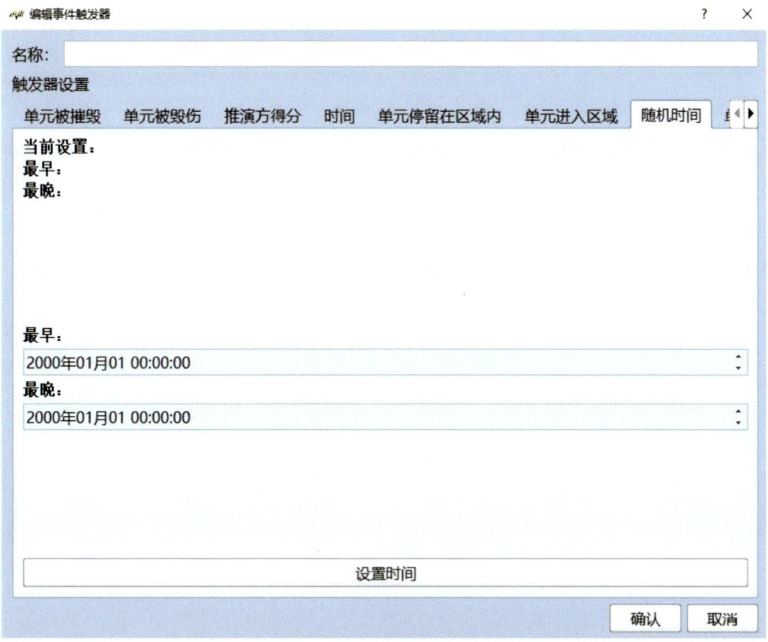

图4-47　触发器-随机时间

单元被探测到：指定的单元被探测到时触发，如图 4-48 所示。

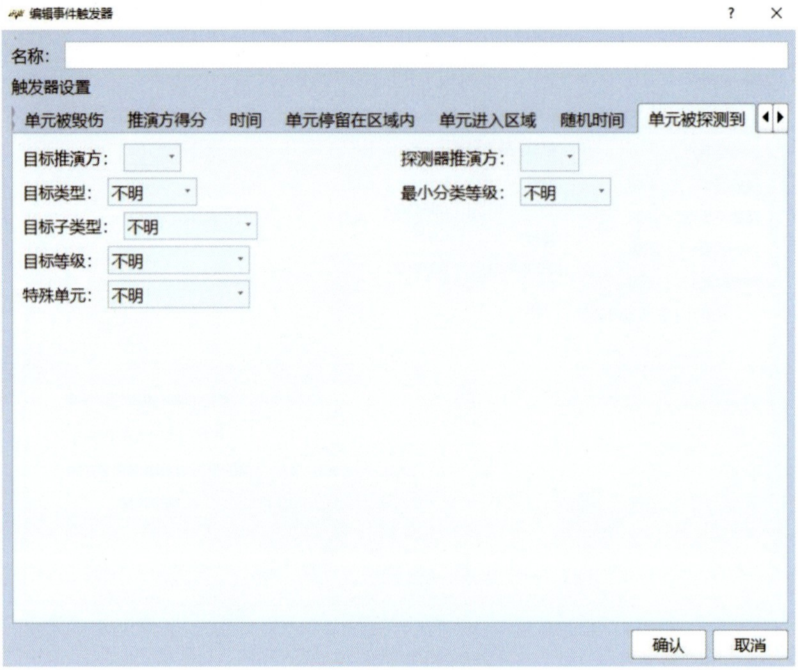

图 4-48　触发器-单元被探测到

规律时间：设置一个时间，每次这个间隔后触发器将会触发，如图 4-49 所示。

图 4-49　触发器-规律时间

六、简报、评估设计

该模块主要包含编辑任务简报、编辑评分规则两个部分。

(一) 编辑任务简报

编辑任务简报：在"想定编辑"菜单中，点击"编辑任务简报"按钮，弹出"编辑本方任务简报：推演方"对话框，如图 4-50 所示。可输入关于本方任务简报的信息。

图 4-50　编辑本方任务简报界面

(二) 编辑评分规则

编辑评分规则：点击"编辑评分规则"按钮弹出"评分"对话框，如图 4-51 所示，可改变完败和完胜的数值。推演想定时当评分达到所设定的数值时，可使想定结束。

图 4-51　编辑评分规则

第二节　兵棋推演的基本条件

兵棋推演一般可以分为手工兵棋推演和计算机兵棋推演,其推演的基本流程和要求本质上是一致的。兵棋推演在组织时,需要五个方面的支撑条件:人员、设备、规则、想定和场地。

一、人员

在兵棋推演组织与实施时,根据参加的规模大小,参与的人员可以从两三个人到上百人,但不管有多少人参与,大致均可分为管理人员和对阵各方人员两大类。

(一)管理人员

管理人员可分为导演、裁判、控制人员、辅助人员。

1. 导演

导演是兵棋推演的设计者和组织者,其中总导演是组织实施兵棋对抗的最高领导和负责人。导演主要负责组织建立导演机构,确定人选,明确推演的任务;确定推演编组、推演课题、目的、内容、方法、时间及要求;审定兵棋推演的有关规则;检查督促各方做好准备工作;全面掌握推演进展情况;负责兵棋推演的动员、裁决、讲评和总结工作。

2. 裁判

裁判的任务就是根据规则或自己的知识和经验来裁定模拟的结果(包括每一步对抗的评价),将裁定的依据和结果记录下来,并在分析阶段中说明这些裁定的依据。随着计算机技术的发展,裁判工作大量地由手工改为由计算机担任,这就使裁定的速度更快、结果更客观、记录更完善。

3. 控制人员

控制人员的任务实际上是信息的传送,就是将对抗双方的作战命令传送到裁判室中,将裁判裁定的结果反馈回双方的推演室,并根据导演的指示控制推演的进程。随着计算机技术的发展,控制人员的工作大量地由手工改为由计算机担任,这就使信息传送的速度更快、差错更少。

4. 辅助人员

辅助人员主要负责操作兵棋的设备(如计算机)、地图的标绘(包括推演过程中作战图的标绘)、公式的计算、记录推演的整个过程。

(二)对阵各方人员

对阵各方人员就是参与对阵的双方人员,人数视推演的规模而定。一般可根据实际推演需求确定推演编组和推演角色。

二、设备

设备是组织兵棋推演的基本工具，在组织手工兵棋推演时，需要提前准备好的有：具体某一款兵棋（如"火力战""机械化战争 2"），以及该款兵棋所包含的各种裁决用表和记录表等，同时，我们还需要一张或多张推演桌来支撑手工兵棋的推演。在组织计算机兵棋推演时，通常需要准备大屏幕显示器、计算机局域网、兵棋系统服务器端、计算机推演终端、打印机、数字化仪（用来输入和标定地图信息）以及图形输入输出设备等。这些设备共同支撑组织实施兵棋推演所需要的硬件基础。

三、规则

规则主要是指在兵棋推演实施中按实战条件给交战各方部队军事行动的限制和约束。传统意义上的兵棋遵循的是"一战一棋一规则"。所以，对于不同类别的兵棋，全体参加推演人员必须充分了解规则，并严格执行。在手工兵棋中，这些规则是以操作使用手册和规则说明书的形式呈现给对阵各方人员的；在计算机兵棋系统中，这些规则是以数据库或计算机程序的形式进行存储的，并在适当的时候通过人机交互的方式展示给对阵各方人员。而在自由式兵棋中，传统意义上的严格式推演裁决规则则是由具有丰富实战经验的导裁员进行判定和裁决的。

四、想定

想定是兵棋推演中对作战双方基本态势、作战企图和作战发展情况的设想，是在特定背景下进行作战的故事情节，是兵棋推演的蓝图和指南。在任意一款兵棋中，想定的内容大体由以下几个方面构成：作战背景、推演各方的作战兵力编成、推演想定地理环境、作战任务区域、武器装备、指挥数据、推演时长以及获胜条件等。一个详细的想定条件，为顺利组织实施推演奠定良好的基础。

五、场地

在实际组织实施过程中，兵棋推演可分为明棋推演、暗棋推演以及半明半暗推演，其中在组织明棋推演和半明半暗推演时，可在一个房间中进行；在组织暗棋推演时，一般是在三个房间中进行的，一个导演裁判室、两个对抗双方的推演室（如果是多边对抗就有可能有多间推演室）。而场地的大小则根据实际参加推演人数进行选取和设置，同时场地的选取还要充分考虑观摩人员数量。

第三节 兵棋推演前的准备

兵棋推演前的各项准备工作，主要包括理论准备、导调准备、确定推演编组、场地准备、教材和数据准备、兵棋推演系统操作练习等环节。

一、理论准备

理论准备是兵棋推演准备过程中不可或缺的基本内容。根据推演的实际需求，针对军事应用与技术操作两个方面，主要通过对参加推演的人员采取集中辅导、分方辅导和对口辅导三种方式进行辅导。无论采取哪种方式，其目的都是使推演人员全面了解兵棋系统的结构与功能、组织与实施、兵棋数据与规则、推演过程中的作战运用与方式方法等。除此之外，还可根据需要，组织多种形式的学术研讨交流活动，形成有价值的理论研究成果，为组织实施推演提供理论依据。在理论准备阶段，可根据推演人员对兵棋系统的熟练程度不同，安排不同的准备周期，一般为3—5天。

二、导调准备

组织实施兵棋推演时的实体是导调机构。它的主要职能不仅要满足导调准备，而且要保证兵棋推演的顺利实施和裁决结果的公正合理。导调机构一般包括导演、裁判、控制人员、辅助人员和技术保障员等。除导裁员外，导调机构中其他人员的职能同传统的对抗演习。导裁员的主要职能不是根据"导演意图"来"出情况"，而是根据推演要求和兵棋规则，客观地反映和裁判推演双方的作战行动和战场态势，并向推演者讲解规则。

三、确定推演编组

推演编组根据推演课题、推演规模、对抗形式等实际情况来确定推演人员。根据推演人员的组织形式，分为以下三种。

（一）单人对单人推演

是指红、蓝双方各由一人担任对阵员，负责本方行动推演与裁决的推演方式。单人对单人推演主要适用于研讨性、学习性推演。

（二）单人对多人推演

是由一人担任蓝方（或红方）对阵员并兼任总导演，而另一方则由多人分工担任的推演方式。单人对多人推演主要适用于研讨性、教学性和评估性推演。例如在人机对抗中,通常采用一个 AI 智能体对阵多人编队进行组织推演。

(三) 多人对多人推演

是双方或多方按照作战编成进行编组,多人对多人推演主要适用于整体性、竞赛性、对抗性推演。

四、场地准备

场地准备是兵棋推演的重要内容之一,需要准备的内容多、标准高、时效性强,其主要内容包括:场地的环境布局设计、通信网络系统开设、视(音)频系统配置、配套设施设备安装以及相关标识制作等。

(一) 场地的环境布局设计

场地环境布局设计时,通常可将场地布局划分为若干功能区域,如导调控制区、双方或多方推演区、大屏幕显示区、附属展示区、辅助功能区等视情况可设立观摩区等。

(二) 通信网络系统开设

通信网络系统开设是在组织计算机兵棋推演时需要准备的,主要包括有线通信、无线通信和系统网络通信等。

(三) 视(音)频系统配置

视(音)频系统配置是兵棋推演过程中对推演过程进行记录、控制与辅助导调的重要手段。

(四) 配套设备设施安装

兵棋推演场地附属设备设施数量与种类繁多,概括起来包括以下几个方面:① 显示类,如电子屏幕、条屏等;② 模拟类,如实物沙盘和电子沙盘;③ 展示类,如各类纸质地图、模型等作业成果等;④ 电源类,除正常供电外,还要考虑 UPS 备用电源等。

(五) 相关标识制作

相关标识制作可以分为以下几大类:① 电子类标识,用于显示主要信息;② 桌面标识,用于标识人员信息或推演编队等;③ 佩带标识,用于标识参与人员身份;④ 设备标识,用于标识各类硬件设备。

场地准备是否充分,直接影响兵棋推演的顺利展开,甚至影响到兵棋推演的效果。

五、教材和数据准备

（一）教材准备

教材准备是组织实施兵棋推演必不可少的准备工作。根据兵棋推演的特殊要求，教材准备主要包括：用于组织兵棋推演的导演手册、推演方的演练手册、系统使用手册、推演指南等。

（二）数据准备

数据准备是兵棋推演组织实施的重要基础和前提，没有可靠的数据准备，便没有兵棋对抗的可信度。以计算机兵棋组织实施的工作流程为例，数据准备主要包括以下工作。

1. 棋子和裁决数据

棋子作战能力数据和规则裁决模型数据准备。

2. 数据录入

运用专用兵棋数据录入软件将基础数据和想定数据录入系统数据库。

3. 数据校验

组织系统研发人员，对录入的数据进行一致性校验和合理性检查。

4. 数据运行测试

通过输入相应的指令，确保数据准确可靠、模型运转正常。

这是一个复杂、长期、持续的过程，需要反复校验才能形成较完整、合理、可靠的数据库。

六、兵棋推演系统操作练习

兵棋推演系统操作练习是参与推演各方全面熟悉兵棋系统功能和学会系统操作运用的重要环节。通常，在进行兵棋相关理论辅导的基础上，即可组织对兵棋系统的操作练习活动。

（一）兵棋推演系统操作练习的目的

1. 熟悉系统功能，使其为我所用

如果对系统功能了解不够、使用不当，则会处处被系统所"制约"，影响推演的质量与效果。

2. 掌握使用方法，保证推演实施

推演人员通过对系统的操作练习，主要掌握其运用的方式和方法，进而保证推演的顺利实施。

3. 提高运用技能，增强推演效果

通过多练、实练、精练，提高对系统的运用技能，以增强推演的实战气氛和效果。

（二）兵棋推演系统操作练习的内容

1. 综合态势显示

主要用于对战场环境和作战行动的实时模拟显示。操作练习时要掌握各种情报的查询与显示方法。

2. 兵棋推演指令

主要用于将推演者的命令转入兵棋系统，形成行动对抗。操作练习时，要掌握快速、准确输入的方法。

3. 战场情况报告

主要用于对部队相关作战情况的实时了解。操作练习时，要掌握情况报告的过滤、检索、统计、汇总等查询方法。

4. 作战实时信息

主要用于对作战效果的分析与评估。操作练习时，要掌握情报感知、分类查询、综合统计的运用方法。

除此之外，还要根据系统的不同要求，进行其他操作和相关练习。

（三）兵棋推演系统操作练习的方法与要求

1. 全面熟悉，有所侧重

作为推演者必须根据不同的职责和演练角色，有重点、有针对性地掌握好系统功能和运用系统进行演练的基本方法。

2. 熟悉功能，把握技巧

在操作使用练习中，特别是要强化在对抗的气氛中进行练习，增大练习的强度和难度，从而在适应"难和变"中掌握系统操作技巧。

3. 掌握方法，灵活运用

必须注重发挥推演者的主观能动作用，以高超的指挥艺术赢得"兵棋战场"上的主动权。

这些方法，都需要推演者在进行系统操作练习过程中牢牢把握关键问题。除此之外，通常在正式推演前应组织导裁、保障人员进行试推。从困难复杂的情况出发，通过推演进一步了解掌握兵棋系统，适应推演组训方式，并在推演中发现问题、解决问题，从而保证正式推演的效果。

第四节 兵棋推演实施

兵棋推演的实施主要包括情况导入、筹划组织、指挥推演、复盘研讨和复盘总结等环节。

一、情况导入

情况导入是兵棋推演实施的首要环节。在宣布推演开始后,由导演部向推演各方提供初始的战场情况,推演各方分别受领任务、计划安排工作,迅速进入角色,展开一系列的推演准备。此时我们以"墨子·未来指挥官"综合想定《飞地战云·初赛版》为例进行介绍。

根据导演部向红蓝双方提供的初始想定如下:

该想定军兵种类构成及武器装备种类较为单一,主要涉及地面和空中作战力量,无海上作战力量,侧重陆空联合作战。红蓝双方的领土被山脉隔开,蓝方兵力主要集中在山脉东北部平原地区,越过山脉海拔急剧升高;红方兵力主要部署在山脉西南地区,平均海拔超过1 500 m,地形崎岖,易守难攻。争议飞地位于红方领土西南部,受红方国土环绕,周围布有机场及防空导弹营,蓝方在争议飞地内部兵力部署较少。

红蓝双方兵力对比如表 4-1 所示。

表 4-1 红蓝双方兵力对比表

双方	力量		兵力	数量
红方	空中力量	1号机场	无兵力	
		2号机场	苏-25SM 型"蛙足"攻击机	6 架
		3号机场	米格-29S 型"支点 C"战斗机	6 架
	地面力量		米格-29S 型"支点 C"战斗机	6 架
			36D6 型早期预警雷达	6 部
			P-18 预警雷达	0 部
			"大鸟"B[5NS]雷达	0 部
			SA-10A 地空导弹营	5 个
			SA-3C 地空导弹营	2 个
			SA-10B 地空导弹营	1 个
			SA-4 地空导弹营	1 个
蓝方	空中力量	纳西切万机场	无兵力	
		BK 空军基地	苏-25SM 型"蛙足"攻击机	0
			米格-29S 型"支点 C"战斗机	0
		A 空军基地	苏-25SM 型"蛙足"攻击机 A	12 架
		B 空军基地	米格-29 战斗机	6 架
		C 空军基地	米格-29 战斗机	12 架
		D 空军基地	"苍鹭"无人机	5 架

续表

双方	力量	兵力	数量
蓝方	地面力量	36D6 型早期预警雷达	6 部
		P-18 预警雷达	3 部
		P-14 雷达	2 部
		P-37 雷达	1 部
		P-80 雷达	1 部
		SA-3C 地空导弹营	9 个
		SA-2F 地空导弹营	4 个
		SA-4 地空导弹营	3 个
		SA-5C 地空导弹营	1 个

红蓝双方在接到想定情况后,即展开各项计划安排工作,迅速进入角色,这就是情况导入。

需要强调的是,情况导入在兵棋推演中起着"基础性"作用,因此,在初始情况导入时要注意把握以下几点:一要"全",即情况全面;二要"真",即内容必须逼真,做到真实可信;三要"有度",即把握战场迷雾的特点,保证推演各方在若明若暗条件下展开对抗,充分发挥推演各方的主观能动性。

二、筹划组织

筹划组织是兵棋对抗的重要阶段。推演各方在接收到导演部情况导入后,随即展开筹划组织活动。推演各方按照各自的作战任务,通过兵棋系统全面熟悉敌情、我情和战场环境,而后确定作战指导原则、定下作战决心以及制定行动方案。

红蓝双方指挥员根据兵力、装备和战场环境的对比分析,形成自己的判断结论,结合每名指挥员不同的战术思想可重点选择主要进攻与防御方向。我们以"墨子·未来指挥官"综合想定《飞地战云·初赛版》为例进行介绍。

(一)红方分析

红方领土北部配有 1 部 36D6 型早期预警雷达,该型号雷达处于 20 世纪 80 年代早期技术水平,主要执行对空搜索任务,探测范围大,能够达到 351.88 km,但北部陆基防空力量薄弱,该雷达未处于 2 号机场附近的 SA-10B 最地空导弹营的防空范围内,容易遭受打击。

红方北部 2 号机场附近配有一部 36D6 型早期预警雷达和一个 SA-10B 地空导弹营,地空导弹营火控雷达照射范围能够达到 166.68 千米,配备的萨姆-10B 型"雷声"防空导弹射程最远能够达到 74.08 km,且防空火力强大,完全能够担负起机场的保卫任务。2 号机场内停放有 6 架苏-25SM 型"蛙足"攻击机和 6 架米格-29S 型"支点 C"战斗机。该机场内配备的攻击机是红方拥有的唯一空对地打击力量。

红方中部作战方向边境线附近一前一后配备有两个 SA-3C 地空导弹营,该导弹营使用的 SNR-125 型火控雷达技术水平处在 20 世纪 60 年代晚期技术水平,型号较为老旧,故防空范围仅有 59.264 km。搭载的 9 枚萨姆-7A 型"圣杯"导弹射程仅为 0.37～3.7 km,红外引导头的引导距离最大仅为 18.52 km;另搭载的 48 枚 SA-3C 型"果阿"防空导弹效果要好一些,最远射程能够达到 29.63 km,搭载的半主动雷达制导导引头最大制导距离为 185.2 km。中部边境线上还配备有一个 SA-4 地空导弹营和一个 P-18 预警雷达,SA-4 地空导弹营搭载的 SA-4A、SA-4B 型"加涅夫"防空导弹射程均能达到 70 km 以上,防空火力强劲。

红方中部后方地域配备有 1 号和 2 号两个机场,周围配有三部各型雷达和两个 SA-10A 地空导弹营,地空导弹营搭载的萨姆-10A 型"雷声"防空导弹最远射程能够达到 74.08 km,且不谈蓝方是否能够突破边境线附近的防空火力封锁,该地域自身配备的防空力量就足以让蓝方的战机望而却步。1 号机场内部未停置战机,2 号机场内有 6 架米格-29S 型"支点 C"战斗机随时待战。

红方南部边境线附近配有两个 SA-10A 防空导弹营,正常情况下足以担负南部防空任务。

总体来说,红方虽然兵力较蓝方少,但装备相对先进,且红方成功攻占蓝方飞地后依托本土地面防空力量进行有效防守,较容易获得最终的胜利。

(二)蓝方分析

蓝方领土北部配有 1 部 P-18 预警雷达,周围并未配置地面防空火力,为防止红方从北部突袭,有必要在此处设立防空巡逻区和警戒区。

蓝方在山脉东北侧一线展开兵力,配备有各型号的雷达和各型号导弹的地空导弹营,地面防空火力布置较为合理,一般情况下红方很难对地面单位造成有效伤害,贸然进攻很可能会损失惨重。北部 D 空军基地配备有 5 架"苍鹭"无人机,该无人机技术水平处于 20 世纪 90 年代早期,搭载的电子支援/测量系统最大距离能够达到 926 km,机上的通用前视红外探测系统能够对地面目标、设施、空中单位、海上单位进行搜索,最大探测距离能够达到 83.34 km。中部 B 空军基地拥有 6 架米格-29 战斗机,中部内陆 A 空军基地配备有 12 架苏-25SM 型"蛙足"攻击机,这是蓝方所有的对地打击力量。A 空军基地附近仅有一部 36D6 型早期预警雷达和一部 P-14 雷达,均没有地面防空力量保护,有必要派遣战斗机对该空域进行防空巡逻,确保不受红方攻击机的打击。

蓝方东部沿海地区 C 空军基地内配置有 12 架米格-29 战斗机,由于距离边境线较远,战机执行作战任务时需要一定的时间机动至作战地域,需要指挥员对兵力进行合理的调度和配置。C 空军基地附近配有三个地空导弹营,北部的地空导弹营主要配备萨姆-2f"导线"Mod1 导弹,该导弹射程在 5.56～55.56 km,防空范围相对较远;南部低空到导弹营主要配备 SA-3c 型"果阿"防空导弹,防空距离小于 30 km。东部的地空导弹营战斗力最强,配备了萨姆-5C"甘蒙"[5V28M5]地空导弹,最远射程能够达到 287.06 km。此外还有一部 P-14 雷达和 36D6 型早期预警雷达,为地空导弹营提供防空识别。

蓝方所属飞地内部兵力不足,仅有一个 SA-3c 地空导弹营、一部 P-18 预警雷达和一个空机场。若红方集中优势兵力抢夺飞地,蓝方仅靠一个地空导弹营的兵力恐怕难以防守。且红方边境线上布置有防空火力,蓝方的空中力量很难掠过防空区域对飞地进行支援。

总体来说,蓝方的优势在于兵力充足,本土防空力量强大。缺点在于装备较为落后,且一旦飞地兵力被消灭,落入红方之手,蓝方只能被迫出击,若飞地失守后仍无法对红方造成有效伤害,将会面临落败的结局。

(三) 蓝方决心及任务规划

通过以上分析,蓝方指挥员确定了作战指导和作战决心,总体任务规划如下:

(1) 湖边打击:为顺利从中路进攻,利用单机出动形式,直接突击红方湖边地空导弹营,而后回撤,并以此引诱敌机深入我方阵地,寻机歼灭。

(2) 飞地拦截:派遣 B 空军基地两架米格战机从推演开始就加力前往飞地巡逻区,消灭敌方来犯的蛙足战机。即使不能全歼,让其返航后,在敌机场内也能被我军歼灭。

(3) 北部巡逻:把 C 空军基地的四架米格战机派遣过去,在地空导弹营协助下,伺机利用杨树导弹消灭北部巡逻的两架敌机。而后从 B 空军基地派遣一架米格战机携带 RBK-500 集束炸弹,突击湖边红方剩下的一个地空导弹营,并以此引诱红方拦截的战机出动。而我军袭击成功之后,加力返航,敌机找不到目标,也只能返航。

(4) 中部巡逻:从 C 空军基地派遣四架米格战机前去巡逻,在萨姆-5C 地空导弹排协助下利用杨树导弹消灭红方南部巡逻的两架战斗机。

(5) 南部轰炸:派遣从 A 空军基地起飞的两架蛙足战机携带近程 RBK-500 集束炸弹,分别前往南部轰炸的两个任务,消灭敌南部两个导弹营。

(6) 侦查任务:分别在北部和中部设立三个侦查点,南部依据敌方导弹营的位置设立一条侦查路线,方便找出红方地面单位的位置。所有侦察机 30 min 后出动,此时敌机几乎没有了,可防止无人机被击落。

(7) 中部突袭:B 空军基地起飞一架米格战机,携带集束炸弹,攻击湖边跟雷达车在一起的导弹营,而后立刻后撤,脱离敌方 S-300 导弹营的打击范围。在湖区下方建立一个巡逻区,从 C 空军基地派遣三架米格战机,全部携带 18 号集束炸弹,当红方机场附近没有飞机时,取消任务,手动操作,关闭自动规避,低空突击机场附近的三个 S-300 导弹营,以最小代价,获得最大战果。

(8) 北部轰炸:在红方 3 号机场的上方分别建立两个巡逻区,一个巡逻区放一架米格战斗机,从 C 空军基地起飞,携带集束炸弹,高空突击 3 号机场附近的 S-300 导弹营,另外一个巡逻区从 A 空军基地派遣一架蛙足攻击机,携带 S-5K 型 57 mm 火箭弹,用以摧毁敌 3 号机场内的飞机,力争零代价歼敌。

(9) 中路进攻:在南部巡逻区的东侧建立一个巡逻区,派遣 C 空军基地里剩余的 9 架蛙足飞机,一架携带 S-5K 型 57 mm 火箭弹,用以摧毁敌 1 号机场内的飞机,另外 8 架携带 FAB-500M-62 型 500 kg 引导式贯通炸弹,用以摧毁敌机场跑道,争取战果最大化。

(10) 残余打击:红方剩下的 36D6 型早期预警雷达车,就可以利用剩余没有任务的米格战机的航炮攻击,不给红方留任何地面单位。

三、指挥推演

指挥推演是兵棋对抗实施最重要、最紧张、最核心的推演阶段和环节。这一阶段推演各方主要依托兵棋系统,采取各种方法、手段,及时掌握战场情况,快速作出决心处置,转换输入推演指令,有效控制作战进程,并在导演部的总体控制下完成指挥谋略对抗的演练,直至达到演练目的。

(一) 接收有关情况

运用兵棋综合态势显示系统可以接收战场综合态势,推演各方可以根据从感知态势中所看到的战场情况,及时进行分析判断、作出决心处置、协调控制作战行动。在"未来指挥官"的兵棋系统中,综合态势由于受战争迷雾的影响,角色不同,所观察的态势不同。如导演是以上帝视角进行全局观察的;而红蓝双方则根据各自作战力量单元所能观察到的对方棋子来确定当前态势。

(二) 作出决心处置

在推演过程中,作出决心处置是推演各方指挥员在作战实施阶段的核心指挥活动。利用兵棋系统作出决心处置,包括判断情况、定下决心、作出处置三项基本内容。其基本特点和要求是:准确性高、时效性强、信息量大、谋略运用要得当。

如在某实际推演过程中,红方指挥员在前期的侦察探测后发现此时蓝方呈防守态势,综合判断情况后定下进攻决心,依托北方的 055 驱逐舰派出少量兵力进行巡逻,防止蓝方对红方陆上目标进行偷袭,其主要兵力分为主要进攻方向和次要进攻方向从西北对蓝方进行梯次攻击,以上就是简单的作出决心处置应用实例。

(三) 输入推演指令

输入推演指令是兵棋推演实施阶段进行指挥推演的重要步骤,如果没有推演指令的输入,便没有指挥对抗,更没有各方作战行动的交互与结果。因此在兵棋推演过程中,无论采取什么样的组织模式和方法,推演各方和导演部都离不开推演指令的输入工作。只有熟练掌握推演指令输入技能与方法,才能正确地实施指挥推演活动。比如,在"未来指挥官"中,指令的输入是利用鼠标和键盘共同来完成的。机动指令的输入,先点击该算子,再按下 F3 利用鼠标逐个规划一条机动的路线,如对该算子重新规划一条机动路线后,新路线会自动代替旧路线,按下 F2 可以控制该算子的移动速度和高度,按下 Shift + F1 可选择敌目标进行打击,以上是几种比较常见的推演指令输入方法。

(四) 指挥作战行动

指挥作战行动是实现作战决心和落实作战计划活动的关键,其实质是对部队作战行动实施控制。主要内容包括:控制部队的行动目标、行动方法、行动时间、行动范围和行动转换等。利用兵棋系统实施指挥控制是一个关联性很强的复杂过程,基本指挥活动是:不间断地下达行动命令和监督部队执行、跟踪判断情况、实时纠正偏差三个环节。

下面以"墨子·未来指挥官"综合想定《太西海驱逐战》红方推演者为例,进行介绍。

首先,下达各种作战行动指令。部署展开阶段:在推演开始后不久,作为红方推演者,主要兵分两路,一路从西北分为主次要进攻方向对蓝方进行梯次突击以消灭蓝方空中力量,然后探测其航母编队的具体坐标信息;一路兵力主要部署在正北方向进行常规巡逻,以斩断蓝方向陆地偷袭的空中通道。指令下达后,充分利用战场情况报告了解掌握算子任务执行情况,同时监督算子按计划或按指令执行所担负的作战任务。

其次,跟踪判断情况。实时获取更多敌我各方的态势及交战情况,不间断地查询相关信息,了解掌握战果、战损情况,为新一轮的分析判断提供可靠依据,通过先头部队的雷达探测得知蓝方在西北方向投放了诱饵弹,故其最先发起攻击的方向不在西北而在正北。

最后,实时纠正偏差。基于上个例子来看,蓝方此时向正北方向突击的兵力较多,红方北面作战压力陡然增大,此时红方指挥员应立即调整原有部署,马上进行兵力运转,将位于西北偏正北方向的部队立即投入正北的防御战,集中优势兵力歼灭蓝方算子,倘若此时红方指挥员没有进行有效的调整或者调整较慢,则蓝方可以以少数战机为代价彻底打乱红方北部的防御或者巡逻部署,从而掌握北方的主动权,而红方则面临正北门户大开、后方侦察机受到攻击的威胁,后期再进行兵力补充则势必会影响正面进攻的质量。所以在推演过程中,不间断地进行纠偏控制是一种常态,因为对手不可能按照本方的剧本来部署,故有效调整部队在作战行动上出现的一些偏差是赢得整场战斗的前提和基础。

(五) 裁决结果

待对抗双方的行动命令输入兵棋或用于处置的时间结束时,导裁部要根据双方在本回合中所作出的决策和行动,按照兵棋规则裁决对抗结果。在进行计算机兵棋推演时,裁决工作则由计算机自动进行。

比如,在"未来指挥官"中,可以点击下方推演信息看到攻击裁决的效果,而在严格式手工兵棋中,则通过掷骰子方式进行裁决工作。来看"火力战"中关于攻击的裁决例子:当前蓝方的 M1A2 型坦克向距离 11 格的红方 86 式步战车发起攻击。首先,通过查表,确定 M1A2 型对目标单位步战车的攻击等级为 10;其次,通过掷双骰子产生随机数为 12;最后,通过查询战斗结果表,战斗结果为 86 式步战车失去动力,但火力尚保存。

四、复盘研讨

复盘研讨是对兵棋推演过程中的各项工作、各个环节进行全面、系统、有重点的评估和鉴定的活动。目的是通过回顾每个回合的态势和分析研究作战行动,使零星、表面的感性认识上升到系统、本质的理性认识,总结对抗中的经验教训,查找薄弱环节。通常情况下,复盘研讨环节主要包括:组织系统回放、分方进行研讨和做好再推演准备等内容。

(一)组织系统回放

组织系统回放就是利用兵棋系统自动记录与轨迹回放功能,在每一演练阶段、每一训练问题、每一回合对抗或整个推演结束后,根据推演实际需要,由导演部组织实施,以便推演各方依次回放整个推演情况,结合复盘回放的行动效果及相关信息,进行全面的、检讨式研讨活动。

(二)分方进行研讨

分方进行研讨就是按推演各方的编组自行组织进行,通过研讨充分认识己方在作战过程与效果等方面的得与失、正与误、优与劣、胜与败,进而为下一轮的指挥推演提供有益借鉴。

(三)做好再推演准备

做好再推演准备是导演部组织完成一个指挥推演流程后,需要继续进行下一轮次推演的准备工作。在这一阶段,导演部的核心工作就是要设置好下一个轮次的推演态势和作战时间。

五、复盘总结

复盘总结重点关注存在的问题和对这些问题的解决方法以及结论性的观点和认识。通过总结,尽量解决推演中遇到的和尚未解决的一些疑难问题,从而提高推演者的理论水平。

(一)复盘总结的时机与内容

在实施连贯推演时,为了不暴露双方的企图,一般中途不作讲评和总结,通常在整个推演结束后进行。复盘总结一般由导演部进行。讲评的内容包括推演中双方决心处置是否得当,裁决的依据和理由,双方的得失分析,推演可能产生的结局等。

(二)复盘总结的方法

复盘总结的方法通常是按照时间顺序回放推演过程或从某一指定时间节点开始复盘推

演。通过采取由结果反推的方式,即当出现问题时,及时反推出现问题的原因。通过反向分析查找问题,深化对经验教训的总结认识。

第五节　兵棋推演对抗期间心理训练

兵棋推演以博弈对抗的形式模拟作战过程,方寸之间智胜千里。推演中通过科学、细致地分析、处理,作出合理的指挥决策是获得比赛胜利的关键。为什么平时训练成绩较好的参赛者有的会在比赛中发挥正常或者超常,而有的却节节败退呢?起关键作用的就是比赛时的心理状态。在稳定的心理状态下,参赛者可以对战场态势进行冷静的预判与分析,把控战场的整体状态,从而实施更精准的决策。即使在比分落后的情况下,也可以临危不惧,发现对方薄弱环节,不断捕捉战机,越挫越勇;而在心理失衡状态下,参赛者往往表现为情绪急躁不安,战术急于求成,最后兵败如山。2021年全国兵棋推演大赛颁奖典礼上,大赛优胜参赛者在分享比赛收获时讲道:"兵棋推演比赛不仅是技能的对抗,更是心理素质的较量。"因此,参赛者要重视对抗期间的心理状态,学会运用心理训练,确保比赛时一击制敌。

一、对抗期间心理状态良好的表现

参赛者的最佳心理状态是在具有扎实的竞技水平基础上,对即将开展的比赛任务有客观清晰的认识,有较强的意志品质和自信心。情绪稳定且适度紧张,注意力集中,具有良好自控力。

(一)适度紧张的动机

动机是激发和维持人的行动,并将行动导向某一目标的内部驱力。对参赛者来说,通过比赛取得优异成绩证明自我价值是激励自己不断奋进的目标和持续动力。

著名的耶克斯-多德森定律(图4-52)告诉我们,任何一种活动都存在最适宜的动机水平,动机过强或动机不足都不利于任务的完成。当成就动机过高时,参赛者会过于看重比赛结果,而容易出现精神紧张、肌肉僵硬等生理现象,表现为兴奋过度,或是产生焦虑、压抑、担忧等不良情绪,认知反应能力下降、注意力不能集中、感知能力降低,这些都会影响参赛者技术水平的发挥;成就动机过低同样对比赛不利,当成就动机过低时,参赛者虽不紧张,但兴奋程度不够,不能激发出自己的最大潜力,竞技意识散漫,不能有效集中,致使感觉不敏锐,知觉不准确,最后导致注意力涣散。与比赛动机太高、太低相比,中等偏上水平的动机,适度紧张状态下最有利于参赛者竞技水平的发挥。

(二)沉着稳定的情绪

情绪可以激励行为,也可以抑制行为。对于以脑力消耗为主的智力比赛而言,参赛者要

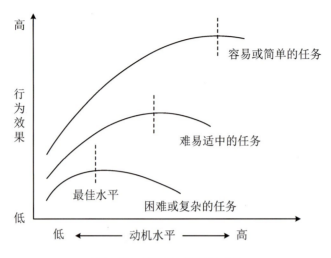

图 4-52 耶克斯-多德森定律

应对复杂多变的推演过程,需要快速思考来应对,尤其需要稳定的情绪。紧张和焦虑是许多参赛者在赛前常见的心理状态。适度的紧张和焦虑可以使人集中注意力,提高思维敏捷性和反应速度。过度的紧张和焦虑则会干扰人的感知、思维等认识活动。过度紧张伴随着生理表现,主要表现为心跳加速、呼吸急促、血压升高等;行动上表现为动作忙乱、坐立不安。拥有良好心理状态的参赛者,能够在沉着稳定的情绪中以不变应万变。

(三)百折不挠的意志

意志是为了达到既定的目的而自觉努力的心理状态。比赛中,红蓝两方参赛者对抗,谁也无法预料赛场上会出现怎样焦灼的局面,有难度就会对参赛者的意志力提出挑战。一些参赛者在备赛过程中缺乏长时间持续努力的决心,遇到困难就产生怕苦、畏难、退缩等打退堂鼓的现象,更有甚者会放弃努力,退出训练。谁笑到最后,谁笑的最好。赢得比赛胜利的不仅是手中的装备,还有钢铁般的意志品质。无论局势如何不利,都要发挥不放弃不抛弃的精神,承受各种心理压力的考验,要勇于斗争、善于斗争,争取在不利局势中寻找夺分点。培养坚持不懈、百折不挠的意志力,是赢得大赛胜利的心理优势。

(四)心无旁骛的专注

现实中我们会发现,成绩突出的参赛者都具有对抗各种干扰的能力,表现出较高的心理稳定性和专注力。无论是赛前赛中乃至赛后,参赛者都会遇到来自外界和自身各种各样不同程度的干扰,如果抗干扰能力较差,注意力就会分散,从而影响正常水平的发挥。备赛前参赛者应全身心投入比赛本身,享受比赛的过程,把注意力集中在自己能够控制的事情上,而非考虑别人的看法、比赛结果的输赢。做到知难而进,具备战胜困难的勇气,不向困难低头,越是复杂的情况越要深入,越是混乱的局面越要专注,只有这样才能在比赛中取胜。

二、影响心理状态的原因分析

良好的心理状态是参赛者渴望拥有的,但是在备赛中,参赛者常常受到多方面因素影响而产生比赛压力,导致实际比赛时表现出与备赛训练中不同的行为表现。究其原因,主要有以下四种:

(一)认知偏差

认知是指人脑对客观事物进行加工的心理过程。所谓认知偏差,是指针对事实作出了错误的认识。为什么会出现认知偏差?主要是因为大脑自动思考产生的认知,也就是常说的不合理的观念。例如,参赛者在赛前抽签时发现,接下来对战的是在之前交过手而从未战胜过的参赛者,有的参赛者会想:"之前没赢并不代表这次就一定会输,翻身的机会来了!"而有的会有"这次运气真差,又要被打败了"的消极想法,在这种认知下的参赛者会感到心灰意冷、失去信心。后者的想法就是绝对化要求,是指人们常常以自己的意愿为出发点,认为某事物必定发生或者不发生。除此之外,认知偏差还有过分概括化,以偏概全的不合理认知,例如参赛者遇到挫折和失败后,就会认为自己"糟糕至极、一无是处、毫无价值",这种片面的自我否定往往会带来自卑、自责等不良情绪。

(二)情绪紊乱

情绪是人对客观事物的态度体验以及相应的行为反应。在备赛期间,对参赛者影响较大的情绪是紧张和焦虑。

1. 紧张情绪

高度的紧张感是参赛者的客观反映,适度的紧张对参赛具有一定的积极作用,但过度的紧张会产生一些消极的影响。面对不可预见性的结果,参赛者都会产生高度的紧张感,紧张的心理可能会影响团体的优势发挥,间接或直接导致比赛的失败。比赛具有突发性,尤其是在参赛者不了解对方的情况下,如果把对方估计得过于强大,害怕失败,就会给自己造成更大的压力,加重紧张情绪。

另外,缺乏自信也是产生紧张心理的因素之一。对平时训练内容不熟悉或者感觉自身训练技术水平、技能不够全面,面对困难时解决问题的信心不足,缺乏必胜的信念,也容易造成紧张的心理。遇强不惧的心理承受力是一种坚忍不拔的心理品质,面对高强度的对抗带来的极度疲劳时,能够始终保持顽强的战斗意志,才能展现参赛队员的心理品质。

2. 焦虑情绪

焦虑是对未来威胁和不幸的忧虑预期,并伴随着紧张、烦躁不安或一定的身体症状。对于参赛者来说,赛前焦虑来自于对即将参加比赛的不确定因素的担心和恐惧。随着比赛一天天临近,比赛的结果究竟会怎样?在大赛中能否顺利完成目标实现愿望?与队友之间能否协调一致打败对手?这些都是未知的。产生情绪焦虑的原因可分为客观因素和主观因素,有时主客观因素叠加在一起,加重参赛者的焦虑情绪。

(1) 客观因素:通常比赛的规模越大,对参赛者来说越重要,引起他们赛前状态焦虑的程度也就会越高。主场与客场、积分与排名、领导重视程度等因素,会直接或间接地影响参赛者对比赛重要性的主观评价。此外,从胜负的角度来说,比赛结果往往都有不可预测性。对于不可预测的比赛结果是赛前焦虑的重要因素。

(2) 主观因素:首先,自我期望引起赛前焦虑状态。对比赛的期望值应该建立在对自己和整个队伍的水平和能力的正确客观认识之上,适度的自我期望可以增强个体的状态自信心,过度的期望值则会导致参赛者因担心无法达到心理预期而面临失败,并因为没有有效的应对措施而出现心理问题的恶性循环。

其次,高特质焦虑加重赛前焦虑。不同参赛者对于比赛的难易程度、自身的水平高低、结果的不可预测性等的认识与感受是不同的。个性不同,焦虑程度也大不相同,特质焦虑作为一种个性因素,在一定程度上影响参赛者。高特质焦虑者(常用"神经质""神经过敏"等术语描述)对发生的一切异常之事总是怀有紧张或踌躇不安的情绪,并以一种羞怯、烦恼和惧怕的心理准备对这种特殊的新情境作出反应。斯皮尔伯格的《状态-特质焦虑调查表》可评定个人的特质性焦虑程度。高特质焦虑的人对比赛结果的不确定性更为敏感,认为竞争具有潜在威胁,更容易产生焦虑水平的急速升高。

(三) 耐挫力不足

有比赛就会有对抗,对抗是比能力、比意志,在这个过程中并非总是顺利的,失利是每名参赛者都可能经历的挫折。耐挫力是指当个体遇到挫折时,能积极自主地摆脱困境并使其心理和行为免于失常的能力。耐挫力强的参赛者,可以化解备赛过程中遇到的不利因素,积极主动地克服困难,创造性地完成任务,从而增强个人参赛能力。耐挫力不足的参赛者,在遇到困难和不利比赛因素时,便会消极悲观,丧失必胜信心。因此,必须锻炼出参赛者攻坚克难的顽强作风,敢于向困难作斗争、敢于迎难而上、善于攻坚克难,具有在困难面前不低头、挫折面前不气馁的作风,越是棘手问题越要下手,越是难办之事越要用力,越是复杂情况越要深入。

(四) 高原现象

在备赛阶段,有些参赛者刚开始训练时成绩提高很快,可过了一段时间,成绩就趋于稳定甚至还会退步,训练中也会出现厌倦情绪,不想再继续训练。心理学上把训练过程中出现的成绩停滞不前或者下降的现象,称为高原现象。研究发现,高原现象是客观的也是暂时的,一旦越过高原现象,对抗训练水平会继续提高。参赛者出现高原现象时,表现为精神不振、食欲减退、头脑昏沉,严重者可能会怀疑自身能力,产生放弃训练的想法。针对这种情况,主要通过增强对抗强度训练,优化更新对抗战法,适当休息恢复体能智能等方法锻炼稳定的心态。

以上种种心理问题互相交织,某一单个的心理问题往往会引起心理层面的连锁反应,如认知偏差容易导致自信心不足,进而引起赛前的过度紧张和焦虑;高原现象的产生会导致情绪紊乱等等。因此,对参赛者开展心理训练,需要针对不同情况来进行,做到全面提升心理素质。

三、对抗期间不同阶段的心理训练

心理训练最早应用于 20 世纪 50 年代苏联航空航天领域,用于提高航天员的心理技能,后被广泛运用于体育、军事等领域。心理训练是有目的、有计划地对参赛者的心理过程和个性心理特征施加影响的过程,也是采用心理学的方法和手段使其学会调节和控制自己的心理状态及运动行为的过程。心理训练的目的不仅仅是让参赛者取得理想的比赛成绩,更重要的是通过训练学会心理自助的有效方法,将对抗比赛和心理训练转化为心理成长潜能的实现过程。心理训练的最佳状态是实现心理的自主调节,即"助人自助"。

(一)备赛期间的训练——基本心理训练的习得

1. 通过表象训练,回忆最佳情景,增强必胜信心

表象训练法是一种通过表象进行意练的方法,主要用于调节参赛者的情绪和激发比赛的动机。表象训练主要有两种:

一是系统情绪脱敏。经历过比赛特别是失利的参赛者,有的可能会出现情绪过敏,表现为在一定的训练状态下会出现紧张情绪。系统的情绪脱敏训练方法则是让参赛者在头脑中回忆紧张的参赛情景,使他们自己诱发出紧张的情绪,当这种紧张情绪达到一定强度时,采用放松或深呼吸的方式,再回忆较轻松愉快的比赛状态,利用自发的积极情绪克服消极情绪。

二是赛绩表象训练。这种方法用于激发参赛者的训练和成就动机,提高信心。有些参赛者在赛前得失心较重,往往会过多地想到自身的不利方面,而忽视有利因素,从而增加焦虑。赛绩表象训练就是采用自我回忆的方式,从自身内部获得激励动机的力量。其具体做法是:让参赛者处于自我放松的状态,诱导其回忆自己在备赛状态中最佳的训练和参赛的情景,以及自己在训练中克服困难、取得胜利的情景。在回忆中客观评估赛事,在赛绩表象训练中,可结合自我暗示训练,这对提高自信心会有更好的效果。

2. 运用团体心理训练,提高集体氛围,增强抗挫能力

团体心理训练是在团体情景下进行的一种心理训练形式,它是通过团体内人际交互作用,在组织者的带领下,营造出团结、互动、放松的正能量磁场,促使个体在交往中观察、学习、体验,缓解个体与团队压力,增强团队间的了解与凝聚。当参赛者处在紧张的训练中,来自队友的亲切话语、自如轻松的神态都会降低和减缓参赛者的紧张情绪。团体心理训练根据训练目的可分为情绪调适、自我认知、团队协作、意志考验等不同训练科目。对于兵棋推演比赛来说,有个人赛也有团队赛,将团体心理训练与备赛需求紧密贴合,既是有效提升心理状态的措施,也是未来心理训练的发展趋势。

（二）近赛期间的训练——积极训练状态的保持

近赛期间（赛前约半个月），参赛者身心承受着较大的挑战和压力，很容易因为大赛的临近产生以焦虑为主导的不良情绪，影响备赛。这一时期的心理训练目标集中在缓解其竞赛焦虑，树立恰当的比赛动机，调整情绪状态迎接高强度的比赛。

1. 熟练掌握放松训练，自我暗示训练，缓解紧张情绪

放松训练是指通过训练有意识地控制自身的心理生理活动、降低唤醒水平、改善机体紊乱的心理训练方法。放松训练的基本假设是改变生理反应，进而调整情绪状态。放松训练作为高效率调节情绪的方法，对缓解紧张、焦虑情绪效果显著，且其操作简单，容易掌握，临场应用方便。参赛者在比赛对抗期间，紧张是不可避免的，而腹式呼吸作为最简单有效的解压方式，可以帮助参赛者在较短时间内安定下来，腹式呼吸的具体步骤如下：

（1）找一个安静舒适的环境，也可以配合舒缓的轻音乐，确保5分钟内不被打扰。姿势不限，站、坐、躺均可，重点在于体会到舒服放松的状态。

（2）两只手放在腹部，尝试用鼻子吸气、嘴巴呼气，吸气时腹部尽量鼓起，呼气时腹部尽量回收，呼吸尽量放慢放缓。

（3）将注意力放在呼吸和手部感受腹部的起伏，边做动作边内心默数1、2、3、4、5。

（4）腹式呼吸需要时间和精力来练习并掌握，让身体在自然状态下就能熟悉腹式呼吸，一旦学会了放松，它将带来持续的效果。在放松训练时，结合自我暗示对于平复情绪效果更好。

自我暗示是利用语言等刺激物对参赛者的心理施加影响，进而控制行为的过程。巴甫洛夫认为：暗示训练就是通过词语，即第二信号系统的作用来调节中枢神经系统兴奋水平，从而调节人体内部过程，如调节人的心境、情绪、意志和信心。自我暗示训练能够使心态稳定，其关键点在于用正向、积极的言语鼓励来对抗消极认知，通过改善情绪来稳定技能的发挥。在自我暗示时，应避免使用消极词语，如用"我很镇静"替代"我不紧张"；用"我充满力量"代替"我还没有疲劳"。

2. 进行目标设置训练，合理角色定位，降低赛前焦虑

目标设置训练是指通过合理设置目标来进行正确的比赛角色定位，提高训练效率，降低竞赛焦虑情绪，增强竞赛自信心的训练方法。

首先，目标设置训练的关键在于设置目标，最终目标的设置要专注于能力的提升，而非局限于成绩和结果。成就目标有两种类型，一种是掌握目标，一种是成绩目标。掌握目标的关注点在掌握知识和提高能力上，而成绩目标的关注点在好名次和好成绩上。具有掌握目标的个体能够采取积极主动的行为，挑战困难任务，并使用深层次的加工策略；而具有成绩目标的个体，焦虑水平较高，常和别人进行比较，遇到困难容易退缩。

其次，设定类似"最近发展区"的目标。"最近发展区"是通过一段时间的集训，在教练指导、自我摸索和努力之下能够达到的目标，并了解当前能力与目标之间的差距，明确努力的方向。目标设置要遵循"小步骤、具体化、细节化、各个击破"的原则。调查发现，参赛者的训

练日志中反映出训练中的常见问题具有频发性、微小性和重复性的特点,如作战部队的体制编制、武器系统、战术作为等元素,这些细节问题是参赛者最容易忽视和多次重复犯错的地方。因此,设置目标要从细微处着眼,每日设置一个小目标,一一完成,持之以恒,养成良好的操作习惯。在实现目标时,要多设想比赛中可能遇到的情况,做到心中有数。

近赛期间心理训练要达到的目标是:提高参赛者的自我控制和自我调节能力,激发竞赛动机水平和思维的创造性,使参赛者能够积极主动地训练、高效率地训练,减少疲劳、厌倦和无能为力的感觉。

(三) 比赛期间的心理训练——促进心理潜能的发挥

紧张激烈的比赛往往只有短短几天,对参赛者来说是技能和身心的综合考验。参赛者怀着集体的荣誉感和责任感以及个人的向往去参加比赛。在比赛进行中,有些情况只能靠参赛者自己运用平时掌握到的心理技能去克服和调节。如缓解紧张的放松训练和自我暗示训练,短时间内帮助安抚情绪,镇定下来,增强自信。在这一阶段,心理训练的关键主要是集中注意力,坚定必胜的信心,激发心理潜能,全力投入比赛。

1. 心理定向正确

心理定向是指参赛者在训练和比赛中心理活动的准备状态和注意的指向性。正确的心理定向包括控制对象、控制时间、控制比赛结果等。在控制对象上,首先控制的因素是自己,把胜利的希望建立在自己精湛的战术技术和与队友的配合上,靠自己的实力去战胜对方,而不是建立在对方发挥失常的基础上幻想侥幸取胜。在比赛中,要以"我"为主,控制住比赛的节奏和局面,方能争取最后的胜利。在控制时间上,首先控制的因素是现在,队友的胜利是对自己的鼓舞,队友的失利是对自己的激励。尽全力打好比赛,在反胜为败的情况下,不耿耿于怀前面比赛的得失,而是着眼于下一局,从零开始,绝不服输。在控制比赛的结果上,首先控制的因素是过程,多想技战术的变化,少想比赛结果和个人得失。

2. 转移注意力

转移注意力是比赛阶段调节心理的有效方法,即有意识地改变和调节注意的指向性,使参赛者把注意力集中和指向于具有积极作用的事物上。例如,参赛者临场如果感到紧张、怯场,或者想到对手实力强大而感到恐惧时,就将注意力指向于以前成功的比赛。如果赛前参赛者的注意力是集中考虑自己尚未完善或尚无把握的某个战术时,就赶快把注意力指向于完成较好的战术规划,多想那些有把握的操作,提高自信心,便可以使情绪稳定下来。

(四) 比赛后的训练——心理平衡状态的恢复

俗话说"编筐编篓,重在收口"。比赛告一段落了,大赛后的心理恢复往往被忽视。对参赛者来说,不论成绩如何都会有不同程度的心理影响,因此要进行及时的心理调整,增强心理韧性,做到成功不自满、受挫不灰心,经得起胜利和失败的考验。

取得优异成绩时,外界的掌声和荣誉纷至沓来,参赛者信心倍增,成就感十足,随之而来可能会产生骄傲和自满的情绪,此时,参赛者要及时调整认知,客观地看待自我,避免出现自负心理，从而在后续赛事中取得更加优异的成绩。

而对于那些在比赛中失利的参赛者而言，因没有达到目标，出现情绪低落、失望沮丧、自我怀疑的挫败心理，这也是兵棋推演参赛者赛后心理调控的重点内容。失利的参赛者应接纳自我，合理宣泄不良情绪，理性辩证地看待失败，从失败中汲取经验教训，越挫越勇，不断提升，看到自身的优点，扬长避短，恢复情绪稳定。

赛后心理调适的方式主要采取团体心理辅导。具体方法可采用箱庭疗法、粘贴画疗法、图画疗法等表达性心理咨询方法，组织丰富多彩的团体活动，使参赛者有机会表达自己，将不良情绪释放。通过小组的方式彼此之间沟通交流，分享内心的感受。最终使参赛者能够舒缓比赛带来的压力，以良好的心态来面对比赛结果。

需要说明的是，运用以上心理训练方法时，应遵循循序渐进、由浅入深的客观规律，因人、因事、因时地进行指导，特别是要考虑参赛者的训练水平、比赛经验、个性类型、意志品质、性格特点、年龄特征以及动机性质等条件。此外，心理训练的最终目的在于保证参赛者在比赛中技战术水平的稳定发挥，所以，心理训练要和技战术训练及身体训练合理地结合起来，互相促进。

附录　兵棋推演实例选编

兵棋推演大赛是面向普通高校在校学生（限中国籍）、军队院校学员、部队官兵、军工企事业单位及军事爱好者的一项全国性赛事，也是一项具有鲜明军事科普特色的全国性国防教育主题公益赛事活动。该赛事包括校园赛、省赛和国赛，部分地方高校和军队院校已在不同的比赛中取得较好的成绩。2019年全国兵棋推演大赛安徽赛区预赛中，陆军炮兵防空兵学院、国防科技大学电子对抗学院、安徽大学、滁州学院都取得了优异成绩。现收录了近几年兵棋推演比赛的文件、宣传报道和优秀战报实例，供比赛组织单位和参赛选手学习借鉴。附录类别及编号见附表1。

附表1　附录明细表

类别	编号	名称
附录1　文件实例	附1-1	20××第×届全国兵棋推演大赛安徽分赛区选拔赛实施方案
附录2　报道实例	附2-1	学院代表队斩获佳绩，收获丰硕
	附2-2	虎踞庐州谋兵，方寸棋盘论战
附录3　战报实例	附3-1	《飞地风雷-晋级赛版》想定推演战报
	附3-2	《飞地战云》想定推演战报

附录1 文件实例

附 1-1 20××第×届全国兵棋推演大赛安徽分赛区选拔赛实施方案

为贯彻落实习近平新时代中国特色社会主义思想,根据国家国防教育办公室国动教育〔20××〕×号文件精神,有效落实中华人民共和国成立70周年"赞辉煌成就、军民同心逐梦"群众性主题国防教育相关活动,扎实推进安徽省新时代国防教育手段创新向纵深发展,选拔优秀选手参加20××年全国第×届兵棋推演大赛,安徽省教育厅、安徽省军区战备建设局和政治工作局将联合举办安徽省首届兵棋推演大赛(以下简称大赛),省赛结束以后,将推荐精英选手参加全国和全军竞赛活动。具体实施方案如下:

一、大赛的宗旨及口号

大赛的宗旨是响应国防教育号召,坚持科技强军,推动新时代人工智能技术的广泛使用,促进国防教育方法手段创新,培养社会理性国防观念。以兵棋推演大赛为依托,助力我省国防教育事业蓬勃发展,不断吸引青少年参与国防、了解军事,为建设科教安徽贡献力量。

大赛宣传口号:棋盘论战扬江淮豪情,军民一心助科技强军。

二、大赛名称

20××第×届全国兵棋推演大赛安徽分赛区选拔赛暨安徽省首届兵棋推演大赛。

三、大赛组织机构及分工

为确保大赛有序进行,成立以下大赛活动组织机构。

(一)主办单位

安徽省军区政治工作局;

安徽省教育厅;

安徽省国防教育办公室。

(二)承办单位

陆军炮兵防空兵学院(本部):总裁判长和军队组裁判长单位,负责协调比赛平台,制定赛程及比赛规则,邀请和培训大赛裁判;负责组织军队组比赛,推荐军队组选手参加分赛区总决赛;组织省分赛区总决赛,承办大赛颁奖仪式。

安徽大学:副总裁判长及地方组裁判长单位,负责设计比赛裁判规则,组织地方组裁判组,组织地方组比赛,推荐地方组选手参加分赛区总决赛。

(三) 协办单位

国防科技大学电子对抗学院:军队组副裁判长单位,协助军队组比赛,按照大赛办公室安排,做好赛事相关工作。

安徽科大国创云网科技有限公司:技术保障组,负责与全国大赛技术保障组对接,负责大赛的各项技术保障工作。

(四) 支持单位

北京华成防务技术有限公司。

四、大赛组委会

(一) 组委会组成

主任委员:

安徽省军区政治工作局1名领导。

副主任委员:

安徽省教育厅推荐1名领导。

组委会委员:

陆军炮兵防空兵学院1名领导;

安徽大学1名领导;

安徽省教育厅1名分管领导;

国防科技大学电子对抗学院1名领导;

陆军炮兵防空兵学院教务处1名领导;

陆军炮兵防空兵学院军政基础系1名领导;

安徽大学体育军事教学部1名领导;

安徽科大国创云网科技有限公司1名主管。

职责:组织大赛筹划设计,指导并执行比赛各阶段的组织实施工作,组织大赛奖项评定与颁奖。

(二) 组委会下设办公室

办公室主任1名,由陆军炮兵防空兵学院教务处1名领导担任(兼);

办公室副主任1名,由安徽大学体育军事教学部1名领导(兼);

办公室成员4名,由承办单位有关人员组成(陆军炮兵防空兵学院2人、安徽大学1人、国防科技大学电子对抗学院1人)。

职责:负责与全国大赛组委会联系,负责组委会日常事务,承办组委会会议,起草组委会文件,组织协调大赛筹备及开展工作,制定大赛预算与经费统筹,管理与执行大赛经费,做好大赛宣传,组织大赛选手报名,协助落实大赛场地设置与食宿等保障工作。

(三) 办公室下设工作组

办公室下设四个组:

1. 导演裁判组

组委会任命总导演和总裁判长,由总导演和总裁判长牵头组织导演裁判组,并组建军队组和地方组两个裁判组。

工作职责:负责组织裁判员队伍,负责制定大赛各阶段比赛方案,制定比赛条件与裁判规则,制定选手分组方案,制定赛程计划,组织实施比赛、现场解说比赛情况,复核比赛争议,裁决比赛结果。

具体设置为:

总导演1名,由陆军炮兵防空兵学院推荐;

总裁判长1名,由陆军炮兵防空兵学院推荐;

副总裁判长1名,由总导演和总裁判长推荐;

军队组裁判长1名,由陆军炮兵防空兵学院推荐;

军队组副裁判长1名,由国防科技大学电子对抗学院推荐;

军队组裁判员7名,含裁判长、副裁判长,其余由相关参赛单位推荐,军队组裁判长确定;

地方组裁判长1名,由安徽大学推荐;

地方组副裁判长1名,由总导演和总裁判长确定;

地方组裁判员3~4名,含裁判长、副裁判长,其余由相关参赛单位推荐,地方组裁判长确定。

2. 技术组

由3人组成。设组长1名,由陆军炮兵防空兵学院推荐,成员由陆军炮兵防空兵学院、安徽科大国创云网科技有限公司等相关技术人员组成。

工作职责:负责与全国大赛技术部门对接,负责大赛报名系统建立,负责兵棋推演系统安装、调试、培训、运行维护、数据回收汇总等,确保系统稳定和大赛顺利进行。

3. 宣传组

由3人组成。由省教育厅确定1名同志任组长,负责组建宣传组。

工作职责:负责大赛活动从筹备开始到全国大赛结束的全过程宣传报道,负责制定宣传报道方案。负责各赛场各宣传渠道的沟通联络,组织新闻发布会现场及后续宣传、比赛阶段及决赛和颁奖活动的宣传,参加全国大赛选手比赛情况的跟踪宣传,联络报社、电视台、新媒体集团等媒体单位同步进行宣传报道,跟进大赛在有关网站与公众号的宣传。

4. 赛务保障组

由6人组成。由陆军炮兵防空兵学院指定1名同志任组长,负责组建活动保障组。

工作职责:组织协调大赛报名事宜,确定大赛会务筹备,制定活动预算及使用方案,负责大赛各阶段的衔接与协调,负责决赛与颁奖活动的相关策划与筹备。

五、比赛平台和方式

(一) 比赛平台

分赛区比赛平台为"智戎·未来指挥官",该系统是一款基于互联网的多人联网兵棋推演平台,支持在互联网、局域网环境下进行人-机、人-人分组式兵棋推演。比赛想定主题为"远程打击、防空反导、空海联合作战",推演方按红方、蓝方设置。

(二) 比赛环境

此次大赛依托互联网和局域网组织,承办方搭建云服务器、布设局域网,供选手练习和比赛。排位赛采取线上远程异地方式进行,参赛选手自备计算机;晋级赛、决赛阶段采取线下集中组织。

(三) 比赛方式

本次大赛排位赛、晋级赛分为军队组和地方组,分别组织比赛。比赛分为个人赛和编队赛两种比赛模式,编队赛参加人数为2人。决赛按照混合编组方式进行。

六、大赛赛制及评分标准

排位赛、晋级赛和决赛,分别按照人-机和人-人对战模式组织。拟定综合采用排位赛、积分循环赛与淘汰赛赛制组织实施比赛。

(一) 排位赛

主要用于预选资格赛。采用人-机对抗的形式比赛。正式开赛后,个人赛每人有5次参与比赛的机会,完成1次比赛即记录成绩,多次比赛取最高成绩,并列入排位;编队赛参照执行,两人的成绩总和为该编队成绩。

(二) 积分循环赛

主要用于晋级赛。采用人-人对抗的形式参加比赛。导演组将所有排位赛晋级选手分为若干小组,而后,组内参赛选手按照贝格尔编排法逐一结对进行比赛,每场比赛结果得分进行累加。最终比赛积分累加靠前的参赛队胜出,进入下一轮比赛。

(三) 淘汰赛

主要用于决赛阶段。各组选拔产生16强后,各参赛队按照规则或随机结对比赛,胜者晋级,负者淘汰,第一轮、第二轮采用单淘汰制,决出八强、四强。四强赛采用单循环制,四支队伍两两比赛,根据积分情况排出冠、亚、季军。根据今年报名的人数比例和选手的竞技水平,计划进入省赛区总决赛的人数为个人48强,编队32强。

(四) 评分标准

赛事评分由计算机系统自动生成。人-机对抗时,只记录蓝方得分,最高一次成绩列入排位;人-人对抗时,采用"一场两局,场分+胜分"的裁判规则,即每组比赛分为两局,每局比赛参赛选手分别执掌红蓝各一方进行比赛。第一局比赛结束后,双方对调红蓝角色,重新开始比赛。比赛输赢以每局大比分为准。如果比赛双方战成1∶1平,则通过双方战损计算小分,小分高者获胜。进入决赛阶段后,若出现特殊情况,则由裁判员现场裁决。

(五) 补充说明

根据全国大赛组委会的意见,今年将有部分赛区外的人员在本赛区参加比赛。总的原则是赛区外的选手可以参加本赛区组织的人-机排位赛和晋级赛,但不参加决赛(16强以后的比赛)。最后,由赛区组委会上报比赛成绩及拟推荐参加全国大赛的名单。

七、奖项设置

首届大赛为提高参赛选手积极性,总的原则采取"多奖重奖",比赛设竞赛奖、战报奖、优秀教练员和裁判员奖、优秀组织奖和突出贡献奖。

(一) 竞赛奖

大赛设个人赛冠、亚、季军奖各1名及一、二、三等奖:

一等奖为8强选手(不含冠亚季军,共5名);

二等奖为16强选手(不含8强,共8名);

三等奖为48强选手(不含16强,共32名)。

设编队赛冠、亚、季军奖各1队及一、二、三等奖:

一等奖为8强选手(不含冠亚季军,共5个编队);

二等奖为16强选手(不含前8强,共8个编队);

三等奖为32强选手(不含前16强,共16个编队)。

(二) 战报奖

由大赛裁判组根据选手提交的战报确定,设一等奖2名,二等奖3名,三等奖5名。

(三) 优秀教练员和裁判员奖

优秀教练员奖:由大赛组委会根据选手比赛成绩确定,设优秀教练员6名;优秀裁判员奖:军队组与地方组共设优秀裁判员6名。

(四) 优秀组织奖和突出贡献奖

优秀组织奖和突出贡献奖由大赛组委会根据比赛组织情况确定。

附件:1. 安徽省赛区组委会下设机构成员一览表(略)

2. 安徽省赛区总决赛名额分配计划表(略)

3. 安徽省赛区比赛活动计划表(略)

安徽省赛区组委会
20××年×月×日

附录2 报道实例

附2-1 学院代表队斩获佳绩,收获丰硕

【军政基础系×××,学员大队×××】根据第三届全国兵棋推演大赛总决赛日程安排,12月7日至9日,学院成立了以军政基础系×××主任为领队的参赛队,其中院本部参赛队和南京校区参赛队分别代表安徽省和江苏省赛区参赛。经过3天的激烈角逐,我院参赛队表现优异,获得全部奖项的近三分之一,展现了良好的精神面貌和竞技水平。分别获得优秀组织奖2项、特等奖2项、一等奖6项、二等奖8项、三等奖17项。其中,南京校区学员×××获得个人赛全国冠军,院本部七大队学员×××、三大队学员×××组成的编队获得编队赛军队院校第一名、全国亚军。

附图 2-1 赛前各参赛队整装备战

全国兵棋推演大赛作为全国性的大型国防教育公益主题赛事活动,得到了国家国防教育办公室、中国科协科学技术普及部等主管单位的大力支持和精心指导,被国家国防教育办公室列为"赞颂辉煌成就,军民同心筑梦"主题国防教育活动之一,得到了各地国防教育主管部门和军地高校的支持和响应,全国共设立了13个省级分赛区,来自60余所院校的近2万名选手参与了大赛的相关活动。参加此次全国总决赛共有来自16所军队院校和6所地

方高校 120 名精英选手。

附图 2-2　我院选手在赛场激战中

本届大赛以"聚焦军事智能博弈，推进国防教育创新"为主题，旨在将"兵棋推演"作为国防教育、军事科普活动的连接点和切入点，给国防文化活动注入更多更新的内涵与生机，把兵棋推演大赛打造成青少年后备军官成长的摇篮。

附图 2-3　赛场间隙组织学院体验与 AI 对抗

我院兵棋推演俱乐部自今年1月份成立以来,在学院各级领导的关心与支持下,刻苦钻研、勤学苦练,与校区共享资源,逐步在同等院校中崭露头角。7月份以来,经过学院推荐、安徽省赛区选拔,共有12名学员过关斩将,成功入围第三届全国兵棋推演大赛总决赛,并在决赛中斩获佳绩。除荣获特等奖以外,还获得全国一等奖3项(九大队学员×××、×××获编队赛一等奖;七大队学员×××、三大队学员×××获个人赛一等奖);二等奖4项(九大队学员×××、×××获编队赛二等奖;九大队学员×××获个人赛二等奖;九大队学员×××获战报二等奖);三等奖9项(二大队学员×××、×××,九大队学员×××获编队赛三等奖;九大队学员×××、×××,七大队学员×××获个人赛三等奖;二大队学员×××、七大队学员×××、八大队学员×××、九大队学员×××获战报三等奖);二大队学员×××、九大队学员×××获大赛"突出贡献奖"。

在比赛场上,选手们密切配合,仔细研究地图地形,分析动态形势,确定敌方兵力部署,选择进攻路线,从一点一滴的情报信息中找到攻击对方的突破口,完成对敌方要害目标和火力的攻击摧毁。尤其是牛××和王××组成的编队,经过一天半的角逐,顺利杀入总决赛,收获颇丰。该编队在颁奖典礼上被选为经典战例为与会现场嘉宾复盘解说。

附图2-4　中国人民解放军原副总参谋长葛××上将为获得编队赛特等奖的选手颁奖

此次大赛和以往赛事相比,参赛规模不断壮大,平台不断创新,赛制赛规不断完善,正逐步发展成为国防教育主题突出、军事科普特色鲜明、常态化的全国性赛事活动。

附图 2-5　×××编队为全场嘉宾复盘比赛过程

附图 2-6　赛中组织精英选手进行经验交流

此次参赛带队领导×××主任在赛后说,兵棋推演大赛不仅能让学员掌握兵棋推演的基本方法,也是进行国防教育、培养高素质指挥人才的有效手段。大赛的举办对于进一步提高兵棋推演的规范化、普及化、科技化水平,培养新型军事人才,聚焦备战打仗能力起到积极作用,更为以后的比赛积累了丰富的经验,为我院人才培养搭建了新的平台。

附图 2-7　学院俱乐部参赛选手及领队比赛结束后合影

附图 2-8　全体参赛选手与嘉宾合影

附 2-2　虎踞庐州谋兵,方寸棋盘论战
——20××年第三届全国兵棋推演大赛安徽赛区总决赛速写

"凭什么给我们亚军?"直到上台领奖前的那一刻,徐××都还没有从裁判长的裁决中回过神来。

11月3日下午4时,全国兵棋推演大赛安徽赛区编队赛决赛下半场,徐××带领的"利剑"战队与由张××带领的"雪豹"战队在激烈地对抗着。

附图 2-9　编队赛选手排兵布阵

在上半场的比赛中,"利剑"队先手执红,凭借稳扎稳打的战法抵御了蓝方的进攻,拿下了 290 分。

易边再战,"利剑"队采取了较为稳妥的"闪电袭南"策略。"雪豹"队早有防备,在推演时间仅剩 20 分钟时,派出预留的三架苏-25 战机直扑蓝方北部,摧毁蓝方两个地空导弹营,分数定格在 290∶-290,出乎所有人意料。

按照比赛规则,"大、小比分均相同的情况下,按照摧毁对方最有价值目标即地空导弹营的数量决出胜负"。最后,"利剑"队以微弱劣势惜失冠军。

"我们打兵棋的初衷就是磨练谋划思维、提升指挥能力,收获的经验远比一个冠军的名头更加宝贵!"握着冰凉的奖杯,队长徐××痛定思痛,坚定地说:"我们国赛再战!"

为扎实推进新时代国防教育创新实践发展,提高学员作战指挥素养,10 月 31 日至 11 月 3 日,由安徽省军区、省教育厅牵头主办,陆军炮兵防空兵学院和安徽大学联合承办的第三届全国兵棋推演大赛安徽赛区总决赛轰然打响。新军事变革的今天,"从实验室和未来中学习战争"成为时代发展的潮流。被誉为"导演战争的魔术师"的兵棋推演,作为一种提高学员指挥意识、锻炼准军官信息化指挥能力的新方法,近年来逐渐走进我军视野。

此次大赛聚焦信息作战、空海一体战等作战理论,想定主题为"远程打击、防空反导、空海联合作战"。红蓝两个推演方需要依据真实的装备数据,通过战前作战方案制定、战时指挥控制等关键环节,在电子沙盘上与敌方进行攻防作战以获取得分来综合比较选手的军事思想和指挥能力,由此决出胜者。

附图 2-10　大赛总导演兼总裁判长杨××为前 3 名编队颁奖

附图 2-11　选手们规划作战任务

　　大赛总导演兼总裁判长杨××说:"大赛不仅加强了院校之间的交流,联络了选手之间的感情,更重要的是凝聚了团队精神,激发了斗志,增进了友谊,为进一步军地合作发展奠定了基础,更是推进了国防教育向深向实发展。"

附图 2-12　大赛总导演兼总裁判长杨××介绍比赛方案

附图 2-13　大赛总导演兼总裁判长杨××与选手进行赛后交流

附录3 战报实例

附 3-1 《飞地风雷-晋级赛版》想定推演战报

摘　要：本战报基于"智戎·未来指挥官"综合想定《飞地风雷-晋级赛版》人机推演红方的一次推演作战撰写。首先说明了推演的作战背景、兵力编制；然后从红蓝双方实力比较、红蓝双方作战环境比较、战争随机数特性分析等角度对作战情况进行了判断，论述了作战决心及据此制定的作战计划，简述了作战经过和结果；最后归纳总结了本次推演中所运用的战术战法和经验，为作战提供一定参考。

关键词：推演；战场环境；作战决心；机动；侦察；火力运用；量化分析

一、作战背景与推演编组

（一）作战背景

蓝方所属的飞地宣布独立，与红方发生了流血冲突。红方得到了 M 国的支援，而蓝方则得到 N 国的帮助，导致了双方冲突的升级。

（二）推演编组

推演时间：2019 年 11 月 26 日。
推演系统：智戎·未来指挥官。
推演想定：飞地风雷－晋级赛版（人机对战）。
比赛形式：人机对抗。
比赛项目：个人赛。
推演方：蓝方：人工智能（敌方）；红方：河南赛区（我方）。

（三）兵力构成

红蓝双方作战序列分别如附表 3-1、附表 3-2 所示。

附表 3-1　红方作战序列

力量	位置	种类	数量
空中力量	2号机场	苏-25SM3 攻击机	6架
		米格-29KUB 战斗机	6架
	3号机场	米格-29KUB 战斗机	6架
	4号机场	苏-34 攻击机	8架
		苏-35 战斗机	12架

续表

力量	位置	种类	数量
空中力量	4号机场	图-16P 电子战机	2架
		伊尔-78 空中加油机	3架
地面力量		36D6 型早期预警雷达	4部
		P-18 预警雷达	1部
		"大鸟"雷达	1部
		JY-27 雷达	1部
		SA-3C 地空导弹营	2个
		SA-4 地空导弹营	1个
		SA-10A 地空导弹营	3个
		SA-10B 地空导弹营	1个
		SA-21A 地空导弹营	1个

附表 3-2　蓝方作战序列

力量	位置	种类	数量
空中力量	A 空军基地	苏-25SM 攻击机	12架
	B 空军基地	米格-29 战斗机	6架
		苏-25K 攻击机	16架
	C 空军基地	苏-29 战斗机	12架
	D 空军基地	苏-29 战斗机	16架
		"苍鹭"无人机	5架
海空力量	福特航空母舰	F-35C 舰载机	24架
地面力量		雷达	14部
		SA-2F 地空导弹营	2个
		SA-3C 地空导弹营	9个
		SA-4 地空导弹营	3个
		SA-5C 地空导弹营	2个

(四) 作战任务

1. 作战目的

摧毁对方地面设施,消灭对方有生力量;保护己方地面设施,保存己方有生力量。

2. 任务时限

1小时40分钟。

3. 得分标准

摧毁、消灭对方目标得正分,被摧毁、消灭己方目标得负分。

4. 目标分值

作战目标分值如附表 3-3 所示。

附表 3-3　作战目标分值

种类	事件	红方
机场	红方机场遭毁伤 10%	−80
	蓝方机场遭毁伤 10%	80
雷达	红方雷达被摧毁	−10
	红方 JY-27 雷达被摧毁	−55
	蓝方雷达被摧毁	10
导弹营	红方 SA-3\-4 地空导弹营被摧毁	−75
	红方 SA-10 地空导弹营被摧毁	−245
	红方 SA-21 地空导弹营被摧毁	−625
	蓝方地空导弹营被摧毁	75
战斗机	红方米格-29KUB 战斗机被击落	−45
	红方苏-35 战斗机被击落	−90
	蓝方战斗机被击落	20
	蓝方 F35C 舰载机被击落	120
攻击机	红方苏-25SM3 攻击机被击落	−25
	红方苏-34 攻击机被击落	−30
	蓝方攻击机被击落	15
非战斗飞机	蓝方无人机被击落	6
	红方电子战机被击落	−16
	红方加油机被击落	−12
航母	蓝方福特航空母舰(无损)	无分值

5. 胜败标准

推演结束时评分为正:胜利;评分为负:失败;评分为零:平局。

二、战前分析

凡事预则立,不预则废。兵棋推演就是战争的模拟,战争决心的下达,必须要经过严格、全面、准确的情况分析和判断,进而形成科学的判断结论,确保作战决心的准确形成。

(一) 作战装备分析

1. 装备参数

(1) 雷达:

本次作战推演中,雷达主要用于对敌方空中单位的预警与搜索,担负的是发现敌人的任务,所以其探测距离十分重要,敌我双方的雷达站(不包括防空导弹营)主要有 8 种,其中红方的"大鸟 B"对空搜索雷达[5N64S]对空搜索距离最大,达 601.9 km,而蓝方的雷达探测距离最大的是"高国王 A"[P-14,5N84],为 592 km。具体的雷达装备探测距离参数图见附图 3-1。

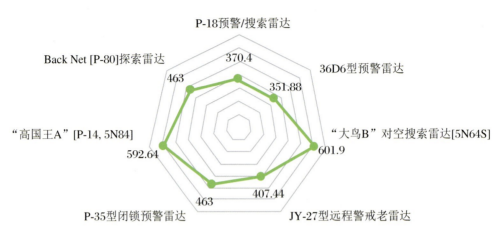

附图 3-1　雷达装备探测距离参数图

(2) 地空导弹营:

各类地空导弹营参数如附表 3-4 所示。

附表 3-4　各类地空导弹营参数

名称	弹药种类	弹药数目	火控雷达距离(km)	防御能力等效导弹	反应时间(s)	目视观察范围(km)
SA-10A 地空导弹营	萨姆-10A 型"雷声"防空导弹	48	166.68	5	15	92.6
SA-10B 地空导弹营	萨姆-10B 型"雷声"防空导弹	64	166.68	8		
萨姆-21A/B 地空导弹营	萨姆-21B 型"咆哮者"防空导弹	80	398.18	7		
SA-3C 地空导弹营	萨姆-7A 型"圣杯"导弹	9	59.264	7		
	SA-3C 型"果阿"防空导弹	48				
SA-4 地空导弹营	23 mm ZU-23-2 高射炮	100	129.64	6		
	SA-4B 型"加涅夫"防空导弹	12				

续表

名称	弹药种类	弹药数目	火控雷达距离(km)	防御能力等效导弹	反应时间(s)	目视观察范围(km)
SA-4 地空导弹营	SA-4A型"加涅夫"防空导弹	6	129.64	6	15	92.6
SA-2F 地空导弹营	萨姆-2F"导线"Mod1导弹	18	148.16	8		
	萨姆-7A型"圣杯"导弹	9				
SA-5C 地空导弹营	23 mm ZU-23-2高射炮	300	407.44	16		
	萨姆-5C"甘蒙"[5V28M5]地空导弹	36				

在地空导弹营各项参数表中可以发现：

① 红方的萨姆-21A/B地空导弹营与蓝方的SA-5C地空导弹营在火控雷达探测距离方面存在巨大优势，对空中目标的威胁巨大，在防空作战中可发挥巨大作用，但从弹药数目来看，SA-5C远差于萨姆-21A/B。

② SA-10A地空导弹营、SA-10B地空导弹营的攻击范围较大，弹药数多，但是SA-10A抗打击能力较弱，易受摧毁，应是红方地面防空的主力。

③ SA-4地空导弹营、SA-2F地空导弹营雷达控制距离相近，弹药数目相近；SA-4抗打击能力稍差一些，但可归为同一档防空导弹营。

④ SA-3C地空导弹营虽然弹药数目良好，但攻击范围小，极易受到空中防区外打击或近地突击，在防空作战中作用较小。

（3）战斗飞机：

各类战斗机参数如附表3-5所示。

附表 3-5 各类战斗机参数

名称	瞬时爬升率(m/s)	火控雷达距离(km)	航空燃油(kg)	最大飞行速度(km/h)
苏-25SM3型"蛙足"攻击机A	96.6	9.26	4 892	963
米格-29KUB型"支点D"战斗机	330	203.72	5 580	1 703.8
苏-35S型"超级侧卫"战斗机	299.7	296.32	10 350	1 203
苏-34型"鸭嘴兽"攻击机	228.6	296.32	13 050	1 703

续表

名称	瞬时爬升率(m/s)	火控雷达距离(km)	航空燃油(kg)	最大飞行速度(km/h)
米格-29S 型战斗机	330	74	4 338	1 203
苏-25SM 型"蛙足"攻击机 A	96.6	17.149 5	3 595	963.04
米格-29 战斗机	330	74.08	3 620	1 713.1
苏-25K 型"蛙足"攻击机 A	89.7	17.1	3 236	926
F-35C 型"闪电Ⅱ"战斗机	350.4	185.2	7 767	1 203

从参战的战斗飞机基本参数可以看出：

① 在灵敏度方面，F-35C 型"闪电Ⅱ"战斗机、米格-29KUB 型"支点 D"战斗机、苏-35S 型"超级侧卫"战斗机有极强的优势，尤其"闪电Ⅱ"在空中交战中躲避打击能力强。

② 米格-29KUB、苏-35S、苏-34 型、F-35C 型火控雷达控制距离远，可实施防区外空中打击，对地面目标威胁大。

③ 在任务燃油量方面，苏-34 型、米格-29KUB 型的燃油量多，可实施远程空中奔袭打击，F-35C 型"闪电Ⅱ"战斗机燃油量也充足，可实施中程距离目标打击。

④ 在飞行速度方面，米格-29KUB 型"支点 D"战斗机，苏-34 型"鸭嘴兽"攻击机的最大飞行速度远超其他飞机，约为 1 700 km/h，但是对燃油量也提出更高要求；F-35C 型"闪电Ⅱ"战斗机、苏-35S 型"超级侧卫"战斗机、米格-29S 型战斗机飞行速度约 1 200 km/h，属于第二梯队。

（4）保障飞机：

各类保障飞机参数如附表 3-6 所示。

附表 3-6　各类保障飞机参数

种类	功能	效果
伊尔-78M 型"米达斯"空中加油机	中线加油系统翼下加油吊舱	138 000 kg
图-16P 型"獾 J"电子战斗机	Buket 型电子对抗系统	进攻型 ECM
	SRS-4 型"菱形"情报搜集传感器	1 714.95 km
	"短角"对空对海搜索雷达	324.1 km
"苍鹭"TP 型无人机[埃坦]	电子支援/测量系统[高级]	926 km

空中加油机可辅助机群进行长距离飞行，保障远程支援任务；电子战飞机可有效干扰敌方电子系统，提高我方飞机的存活率，并为战斗飞机提供战场情报；无人机远距离侦查目标，便于为战斗机指引打击目标。

2. 红蓝对比

（1）数量比较：

如附图 3-2 所示，根据统计数目可知，蓝方装备数目在攻击机、战斗机、导弹营三方面优于红方，且数目呈 2∶1，保障飞机数目持平。

此次作战任务，红方处于数量劣势，要完成以少打多的作战目标，充分发挥装备特性与战场环境特性。

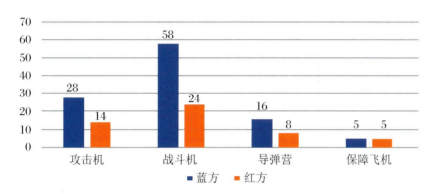

附图 3-2　红蓝双方装备数目对比

（2）质量比较：

① 地空导弹营：

如附图 3-3 所示，红方导弹营的数量比较少，但质量较高，蓝方的导弹营数目多且分布比较集中，但是质量普遍较低。具体如下：

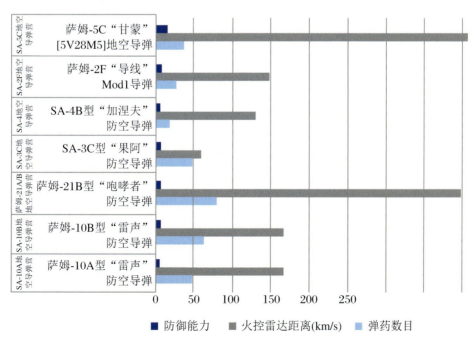

附图 3-3　各类地空导弹营参数对比分析

红方为图中下侧 4 种导弹营,其火控雷达范围和弹药数目整体优于蓝方的导弹营,呈现了极大的技术优势,在防空方面的作用极为重要,蓝方的导弹营在导弹数量方面存在不足,而且其防空范围的局限,导致其会受到防区外打击。

② 战斗飞机:

选取了红蓝双方数量占优且性能优良的空战飞机,作为双方空中力量的代表,从附图 3-4 可以看出,在灵敏性上苏-34 稍差一些,但其他飞机基本相同;而在火控雷达距离和航空燃油方面,苏-35S 和苏-34 有明显优势;在最大飞行速度方面,米格-29KUB 和苏-34 的最大飞行速度达到 1 700 km/h,优势明显。

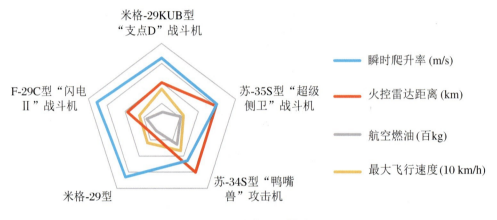

附图 3-4 空战飞机性能

③ 保障飞机:

红方的伊尔-78M 型"米达斯"空中加油机可保障北方的空军基地的飞行编队可长距离奔袭,图-16P 型"獾 J"电子战斗机可以为飞行编队提供战场目标情报,并对蓝方发起电子干扰,提高红方飞机的存活率,这两种飞机是 4 号机场飞机作战的基础和保障。蓝方的 5 架"苍鹭"无人机,可以为蓝方飞机提供红方目标情报,为对地打击进行保障,但是干扰能力弱。红方的保障飞机有十分强大的作战优势。

④ 战斗挂载:

战斗挂载基本参数如附表 3-7 所示。

附表 3-7 战斗挂载基本参数

使用范围	名称	单体挂载量(枚)	对空对陆 PoH(%)	最大距离 (km)
空对空	R-77-1 型"蝰蛇"空空导弹	4	90	111.12
	R-73 型"射手"空空导弹	2	95	18.52
	AA-8 型"蚜虫"空空导弹	2	80	9.26
	AA-10 型"杨树 A"空空导弹	2	80	83.34
	AIM-120D 型先进中程空空导弹	4	95	138.9

续表

使用范围	名称	单体挂载量（枚）	对空对陆PoH(%)	最大距离（km）
地对空	萨姆-10A 型"雷声"防空导弹	48	75	74.08
	萨姆-10B 型"雷声"防空导弹	64	75	74.08
	萨姆-21B 型"咆哮者"防空导弹	80	80	387.07
	SA-4B 型"加涅夫"防空导弹	12	40	74.08
	SA-3C 型"果阿"防空导弹	48	45	29.63
	萨姆-2f"导线"Mod1 导弹	18	35	55.56
	萨姆-5C"甘蒙"[5V28M5]地空导弹	36	55	287.06
空对地	AS-11 型"短裙"反辐射空地导弹	2	85	240.76
	BetAB-500SP 型集束炸弹	6	99	1.85
	AS-17C 型"氪"反辐射巡航导弹	4	85	111.12
	RBK-500-PTAB 型集束炸弹	4	99	1.85
	RBK-250-PTAB 型集束炸弹	8	99	1.85
	AGM-154C-1 联合防区外武器	2	95	83.34
	AGM-154A 型联合防区外武器	2	95	83.34

根据统计战斗挂载基本参数、空对空战斗挂载参数对比、地对空战斗挂载参数对比、地对空战斗挂载最大距离参数对比、空对地战斗挂载参数对比、空对地战斗挂载最大距离对比等 6 类数据分析，详见附图 3-5—附图 3-9，综合可得：

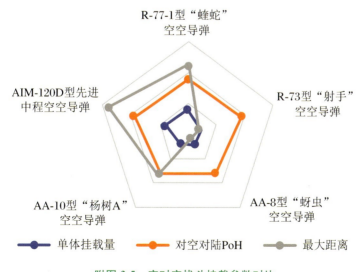

附图 3-5　空对空战斗挂载参数对比

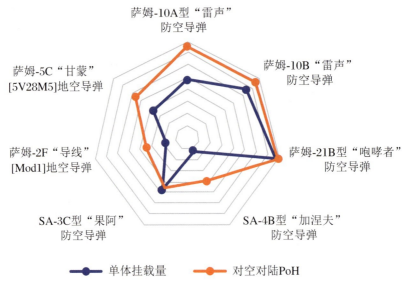

附图 3-6　地对空战斗挂载参数对比

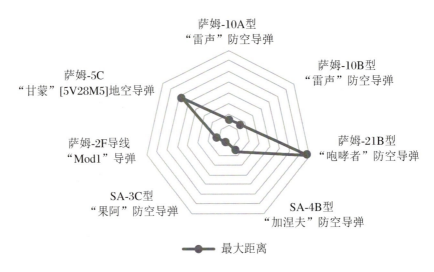

附图 3-7　地对空战斗挂载最大距离参数对比

① 空对空导弹中，AIM-120D 型先进中程空空导弹在最大距离、PoH 方面有极大优势，且蓝方的空空导弹相对于红方来说具有数量和质量的优势，蓝方在空中交战中会凭借导弹的优势而更有利于战机歼敌。

② 地对空导弹中，萨姆-10A 型"雷声"防空导弹、萨姆-10B 型"雷声"防空导弹、萨姆-21B 型"咆哮者"防空导弹在射程、对空 PoH 方面有极大优势，红方的防空导弹相比较蓝方对空中目标更有威慑作用。

③ 空对地导弹中，对地 PoH 均较高，单体挂载量 RBK-250-PTAB 型集束炸弹有很大优势，对于射程来说，除了反辐射导弹的远程打击能力，对地摧毁性武器：AGM-154C-1 联合防区外武器、AGM-154A 型联合防区外武器的射程十分突出，蓝方的对地打击摧毁能力较强，

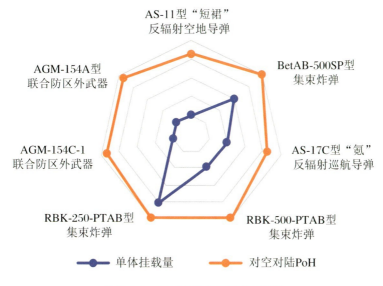

附图 3-8　空对地战斗挂载参数对比

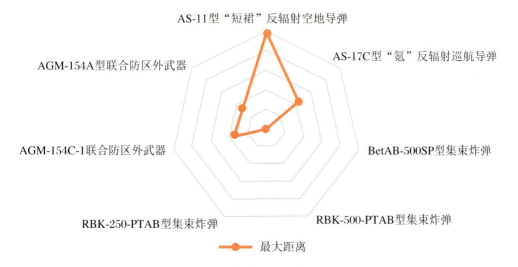

附图 3-9　空对地战斗挂载最大距离对比

红方对防空武器的雷达设备具有独特的打击能力。

(二) 防空装备布局分析

1. 红方布局

红方的地空导弹营主要有 4 个分区,分别为东侧湖边、西侧 Y 地、西北机场、东南营。

东侧湖边为 C 形防御区,由于防空范围比较小,对东侧来犯飞机进行抵近防御,为东侧第一防线。

西侧 Y 地呈三角形防御,且导弹营防空能力比较强,是防御中心机场的主力,也可作为防御敌方飞机长驱直入的主力。

西北侧机场区导弹营几乎是防御邻近机场的唯一力量,也是西北防御的第一线。

东南营作为红方战斗力最强的导弹营,也在防御的最后方,具有双向支援的独特地位。

2. 蓝方布局

蓝方防空布局大致分为两部分,分别为山脉东侧、BK半岛。

山脉东侧的导弹营依山势而建(附图3-10),从西北到东南沿线分布,其中萨姆-5C是防御的中心。其余的导弹营防御能力一般,主要对西侧的飞机进行线性防御,并从上方进行空中打击,具有比较好的防御纵深。

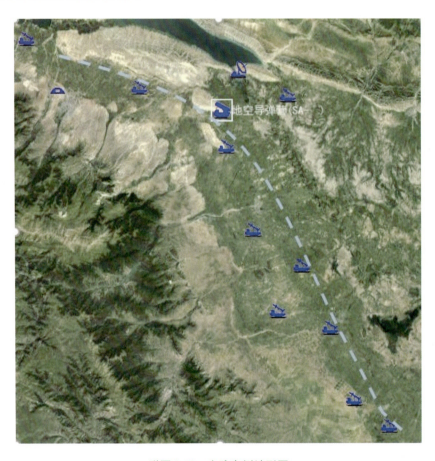

附图3-10 山脉东侧地形图

BK半岛的防御阵形为沿海三角形,对附近的雷达与机场进行保护,相比较另一个防御阵地,导弹营的数目明显减少,导弹营以萨姆-5C为核心。

(三)战场环境分析

作战环境仅考虑地形因素对作战行动的影响,气候因素虽然在真实战争中异常重要,但此平台忽略了该因素,我们也不再考虑。

由于作战平台中的作战地图为小比例尺卫星图,对地形的显示作用不是十分明显,分析地形时,将双方设施与地形图进行叠底展示,将军事设施所处的地形较准确地进行分析。

1. 红方地形分析

① 红方东侧防御前沿沿湖边而设,如附图3-11所示,湖面视野开阔,但是湖被四周的

群山包围,使得导弹营在短时间内无法驶离或开进此防御阵地,蓝方飞机从东侧飞抵此处,需跨越湖东侧山脉,在一定程度上可以利用山脉躲避蓝方视野。

附图 3-11　红方东侧湖边地形

② 西侧防御后方,在平原地区集结,导弹营可在此区域进行快速机动,防御的中心为机场。西侧有一条狭长的平原通道,蓝方从 H 海地区派遣的舰载飞机可较短时间内发现红方的防御阵地,且地形平坦,视野开阔,红方飞机容易暴露,卫星图如附图 3-12 所示。

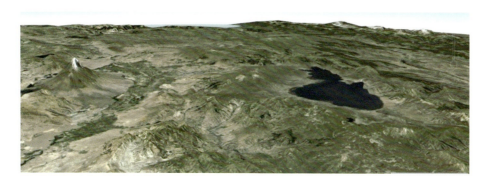

附图 3-12　红方西侧防御地形图

2. 蓝方地形分析

① 蓝方西侧的防御前沿在平原地区大面积部署,西侧为大片山脉,导弹营的位置也依山脉走向部署,西侧山脉对视线有极强的遮挡作用,蓝方飞机对红方发起进攻时,会大量跨越山脉,红方极易发现,并进行打击。同样的,红方如果从西侧山脉入侵,需跨越大片山脉后,直接面对蓝方防空火力;当红方飞机入侵蓝方平原地区,红方的视野极其开阔,红方飞机探测蓝方的地面目标的难度减小。

②蓝方北侧为大面积的横向高耸山脉,若红方从北侧进攻时,蓝方不能提前发现,且跨越山脉后,因蓝方的防御阵地为纵向分布,则不能同时发挥大部分的防空火力,只能依次抵抗。具体见附图3-13所示。

附图3-13　蓝方北侧地形卫星影像

(四) 作战任务分析

1. 红方作战任务

根据红方与外援友好同盟条款,红方空军在盟军的强大支援下,计划于2014年5月24日16:00:00开始对蓝方境内的机场、地空导弹阵地、雷达站实施持续两个小时的远程攻击。

红方的任务是:组织所辖部队实施有效攻击,首先歼灭南部蓝方飞地的地面目标,然后对中心指挥楼以及蓝方地面目标实施毁灭性打击。遂行上述任务时,务必发挥红方强大电子干扰优势,置蓝方陆空目标于死地。

2. 蓝方作战企图

蓝方的作战企图如下:

① 航母派遣F-35C去北侧山脉巡逻,负责拦截红方从北方空军基地派遣来的飞机。
② 航母派遣F-35C在B、D空军基地巡逻,作为此处的防空力量。
③ 航母派遣F-35C打击红方2号、3号空军基地及其附近的地面设施。
④ 航母派遣F-35C到蓝方南部飞地,进行防守。
⑤ C空军基地派遣全部飞机到红方湖区防御阵地,夺取制空权。
⑥ A、B、D机场派遣攻击机、战斗机打击红方SA-3C。
⑦ A、B、D机场派遣攻击机、战斗机打击红方国产-JY27雷达。
⑧ A、D机场派遣攻击机、战斗机打击红方埃雷布尼机场。

三、作战计划

(一) 指导思想

① "闪电战":引用德军在二战中的闪电战思想,快速出兵,达到战斗目的,使蓝方没有时间进行反应或进一步的军事行动,红方的米格-29战机可快速出击,快速打击,快速撤离。

② 围点打援（诱敌深入）：通过打击蓝方的一个重要节点，引诱蓝方派出力量进行防卫，而在中途对其进行打击，或者，红方故意暴露位置，引诱蓝方来袭。红方在飞地的行动会引诱敌 F-35C 进入红方防御包围圈。

③ 偷袭：以色列偷袭伊拉克核反应堆。作战编队以低空、静默、分批次、等间距、等时间、协同轰炸等战术，完美达到作战目的。借此战例，红方决定采取战斗机、攻击机低空静默突袭，相互配合，出其不意之战术对蓝方地面力量进行打击。

④ 电磁战场：电磁战场作为陆海空天后的第五大战场，战争武器的电子系统的普遍应用引发对电磁战场的重视，电子战对战争的影响十分巨大。

⑤ 信息权：抢夺制信息权从而争取主动权，在整个战斗过程中，要尽可能地知悉对方动向，正所谓"知己知彼，百战不殆"。要紧盯战场形势，抓住战机，创造更多的攻击机会，而不是过多关注随机数和运气。

（二）作战决心及阶段划分

基于以上分析，红方确定以下决心，按照四个阶段进行实现。

1. 蝰蛇突击

主要战区内，蓝方飞机数目多于红方，为防止出现少打多的情况，红方飞机利用机动优势和远程火力优势，对红方东部山脉区域的蓝方飞机进行快速打击，并快速撤离。

2. 飞地诱敌

利用少量飞机将蓝方南部飞地摧毁，摧毁后在其附近盘旋，并利用蓝方 F-35C 的打击距离远等特点，引诱其进入红方防御圈。

3. 抵近防御

根据蓝方集中飞机打击红方湖边防区与雷达的企图，红方利用远近程防空导弹营交叉掩护打击，对蓝方机群进行打击。

当来自 H 海方向的蓝方 F-35C 战斗机被红方引诱进入红方防御圈，利用导弹营的集群优势，对其进行打击。

4. 长剑破敌

从红方北方空军基地派遣飞机集群对蓝方的航母与腹地的导弹营进行打击，在南部战斗结束前，飞机机群静默低速飞行，当南部战斗结束，北方机群对蓝方地面目标进行打击。

（三）任务规划与兵力部署

1. 第一阶段任务

（1）蝰蛇突击：

任务目的：使用米格-29 飞机，利用 AA-12 型"蝰蛇 B"空空导弹对敌方飞机进行快速的战前打击，并保存自己。

任务内容：调用 3 号机场的六架米格-29 和 2 号机场的四架米格-29 加入任务，采用 AA-12 型"蝰蛇 B"空空导弹，取消 1/3 原则，仅对巡逻区内进行分析，油门速度均为加力，单机编队，作战条令中特别设置可与任何目标交战，所有超视距和防区外打击武器已耗光就返航。

① 加力可确保战斗机快速出击到达战场，并快速撤离。

② 超视距和防区外打击武器已耗光就返航可保证红方飞机不与蓝方飞机进行近距离空战，最大限度保存飞机。具体任务规划操作如附图 3-14—附图 3-17 所示。

附图 3-14　蝰蛇突击任务空战巡逻部署

```
 x 米格-29（3号机场）（3号机
  米格-29（3号机场）#1    停放状态    蝰蛇突击（…    空对空：AA-12型"蝰蛇"B空空导弹[R-77-1], 重型挂载    就绪
  米格-29（3号机场）#2    停放状态    蝰蛇突击（…    空对空：AA-12型"蝰蛇"B空空导弹[R-77-1], 重型挂载    就绪
  米格-29（3号机场）#3    停放状态    蝰蛇突击（…    空对空：AA-12型"蝰蛇"B空空导弹[R-77-1], 重型挂载    就绪
  米格-29（3号机场）#4    停放状态    蝰蛇突击（…    空对空：AA-12型"蝰蛇"B空空导弹[R-77-1], 重型挂载    就绪
  米格-29（3号机场）#5    停放状态    蝰蛇突击（…    空对空：AA-12型"蝰蛇"B空空导弹[R-77-1], 重型挂载    就绪
  米格-29（3号机场）#6    停放状态    蝰蛇突击（…    空对空：AA-12型"蝰蛇"B空空导弹[R-77-1], 重型挂载    就绪
```

附图 3-15　蝰蛇突击任务空战飞机部署

附图 3-16　蝰蛇突击任务规则

附图 3-17　蝰蛇突击任务武器使用规则

（2）护卫蝰蛇：

任务目的：利用苏-25 的反辐射导弹超视距打击蓝方远程防空导弹营，保护红方米格-29 执行任务。

任务内容：调用 2 号机场的四架苏-25 挂载"短裙"反辐射空地导弹，在空待命，设置对陆自由打击，当蓝方的萨姆-5C 发射导弹对红方米格-29 飞机进行拦截时，发射反辐射导弹，使其雷达设施摧毁。具体操作如附图 3-18 所示。

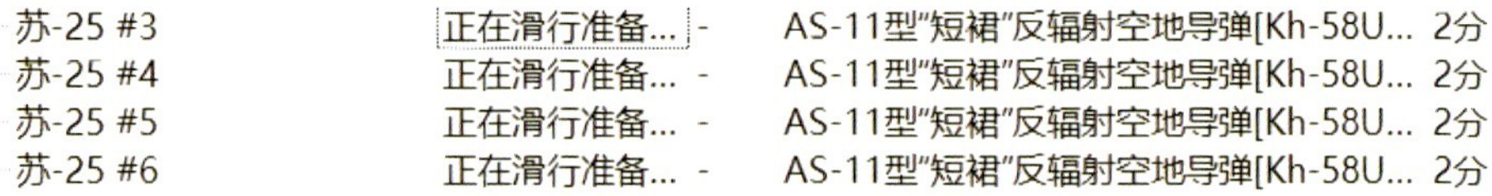

```
─ 苏-25 #3        正在滑行准备... -    AS-11型"短裙"反辐射空地导弹[Kh-58U... 2分
─ 苏-25 #4        正在滑行准备... -    AS-11型"短裙"反辐射空地导弹[Kh-58U... 2分
─ 苏-25 #5        正在滑行准备... -    AS-11型"短裙"反辐射空地导弹[Kh-58U... 2分
─ 苏-25 #6        正在滑行准备... -    AS-11型"短裙"反辐射空地导弹[Kh-58U... 2分
```

附图 3-18　护卫蝰蛇武器部署

2．第二阶段任务

（1）飞地诱敌：

任务目的：利用苏-25 战机摧毁蓝方飞地导弹营，并置空吸引蓝方飞机的注意，引其攻击。

任务内容：调用 2 号机场的两架苏-25 战机，使用 RBK-500 型集束炸弹、AS-11 型"短裙"反辐射空地导弹，对蓝方南方飞地的 SA-3C 导弹营进行打击，允许空对地扫射，飞机到达武器状态时并不返回基地。

① 使用 AS-11 型"短裙"反辐射空地导弹对导弹营的雷达设施进行摧毁，使其致盲，RBK-500 型集束炸弹将导弹营摧毁。

② 飞机到达武器状态时并不返回基地，使飞机置空，吸引蓝方飞机。具体操作如附图 3-19～附图 3-21 所示。

3．第三阶段任务

（1）湖边防御：

任务目的：利用导弹营对东侧蓝方飞机进行打击。

任务内容：利用 SA-3C、SA-4、萨姆-21B 防空导弹对蓝方从东侧入侵湖边防区的飞机进行全数歼灭。

附图 3-19　飞地诱敌对地打击任务部署

附图 3-20　飞地诱敌苏-25飞机部署

附图 3-21　飞地诱敌对地打击武器使用规则

值得注意的是，萨姆-21B 开始时，限制对空开火，当蓝方飞机飞抵红方导弹营时，开启自由对空开火。

（2）Y 区伏击：

任务目的：利用导弹营对 H 海方向来犯的蓝方飞机进行拦截。

任务内容：萨姆-10A、萨姆-10B 对西北方 H 海的敌航母上 F-35C 进行拦截，利用防空导弹进行抵近防御。

4. 第四阶段任务

(1) 航母打击：

任务目的：利用北方基地飞机对敌 H 海停靠航母进行打击。

任务内容：调用北方 4 号机场的五架-35S 型超级侧卫战斗机与一架加油机，对 H 海的敌方航母进行打击。航母打击任务的部署及设置操作如附图 3-22～附图 3-24 所示。

附图 3-22　航母打击任务部署

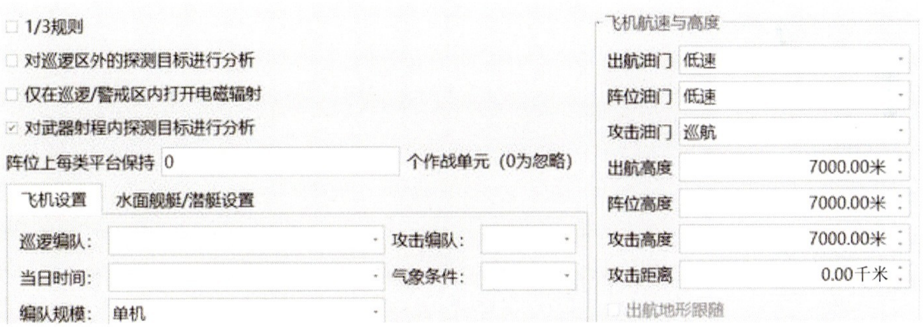

附图 3-23　航母打击任务武器使用规则

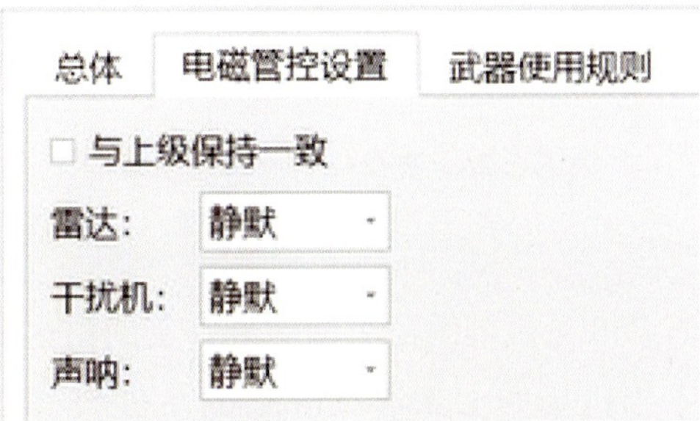

附图 3-24　航母打击任务电磁管控设置

(2) 支援：

任务目的：利用电子战飞机与加油机对空中飞行编队进行空中保障。

任务内容：调用北方4号机场的两架图-16P 型电子战飞机、两架伊尔-78M 型空中加油机，在敌防空阵地外进行空中加油与电子干扰。

出航油门：巡航，在所有北方机群最先到达战场，为飞机提供优先的电子战保障。

雷达、干扰机：静默，确保敌方飞机不能提前发现。

支援任务的部署和设置操作如附图 3-25～附图 3-27 所示。

附图 3-25　支援任务部署

附图 3-26　支援任务武器使用规则

(3) 预打击：

任务目的：利用我方苏-35S 飞机摧毁敌方防空导弹营的雷达设施，使其致盲。

任务内容：调用北方4号机场的七架苏-35S 型战斗机利用 AS-17D 型反辐射导弹、与 AS-14 型小锚近程对地导弹，对蓝方腹地的防空导弹营进行预打击，摧毁其雷达设施，使其致盲，并在可能的情况下直接将其摧毁。

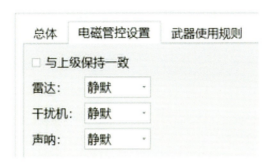

附图 3-27　支援任务电磁管控设置

出航油门：低速，确保敌方飞机在进攻我方防御阵地时，大面积被歼，尤其是 F-35C 被吸引歼灭之后，在进入蓝方腹地，避其锋芒。

雷达、干扰机：静默，确保敌方飞机不能提前发现。

预打击任务的部署及操作如附图 3-28～附图 3-31 所示。

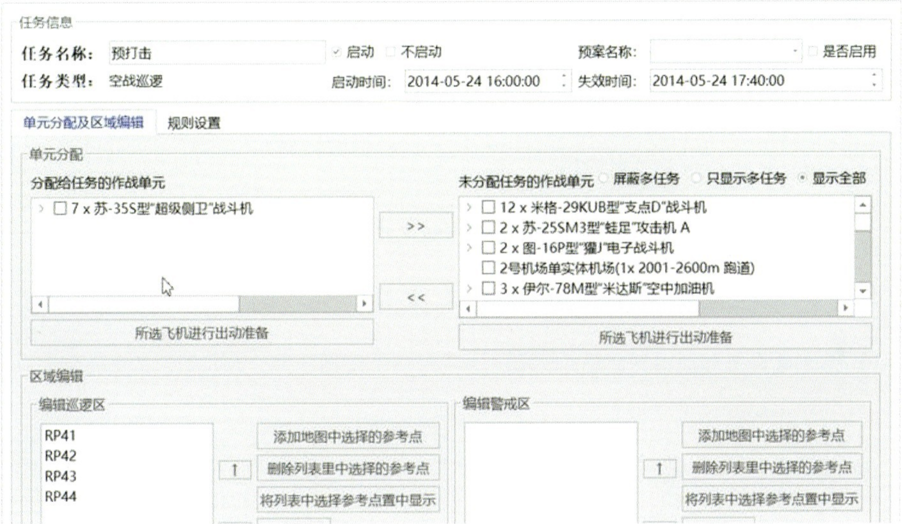

附图 3-28　预打击任务部署

（4）火力摧毁：

任务目的：利用攻击机对敌方的导弹营进行全面摧毁。

任务内容：调用北方 4 号机场的 8 架苏-34 型"鸭嘴兽"攻击机，利用 PBK-500 集束炸弹，对敌方已被致盲或腹地深处的导弹营进行摧毁，到达战略目的。

出航油门：低速，确保敌方飞机在进攻我方防御阵地时，大面积被歼，尤其是 F-35C 被吸引歼灭之后，再进入蓝方腹地，避其锋芒。

雷达、干扰机：静默，确保敌方飞机不能提前发现。

火力摧毁的任务部署及武器设置操作如附图 3-32～附图 3-34 所示。

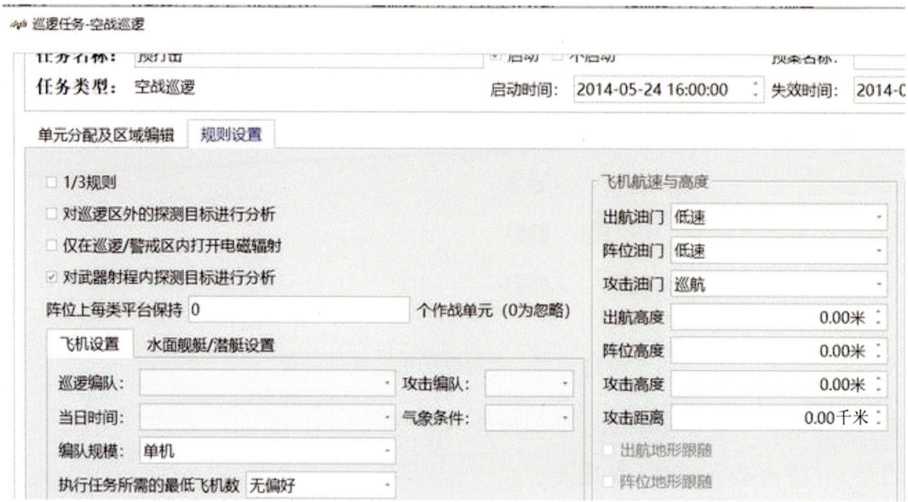

附图 3-29 预打击任务武器使用规则

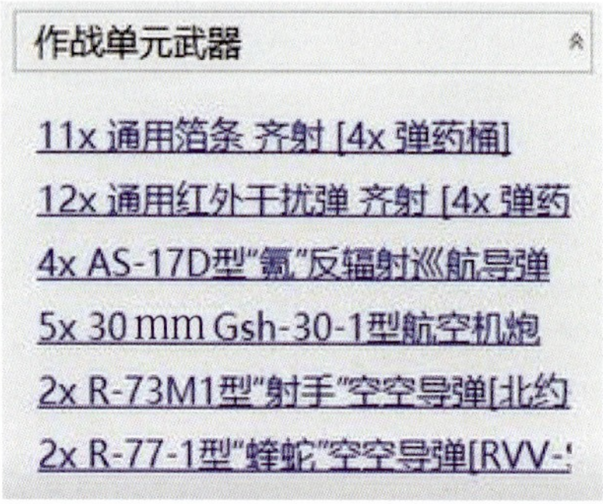

附图 3-30 预打击任务作战单元武器分配情况 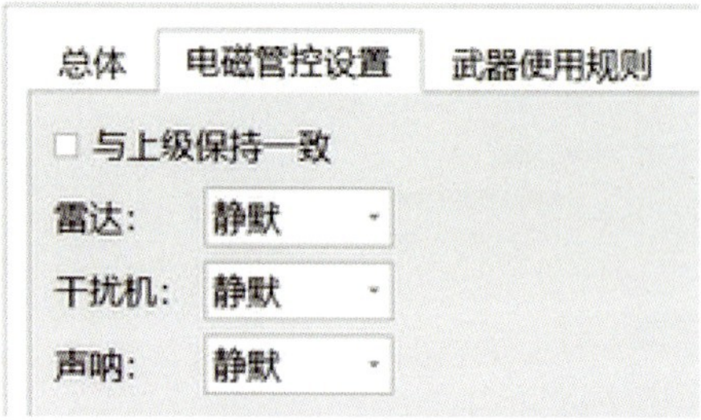　　附图 3-31 预打击任务电磁管控设置

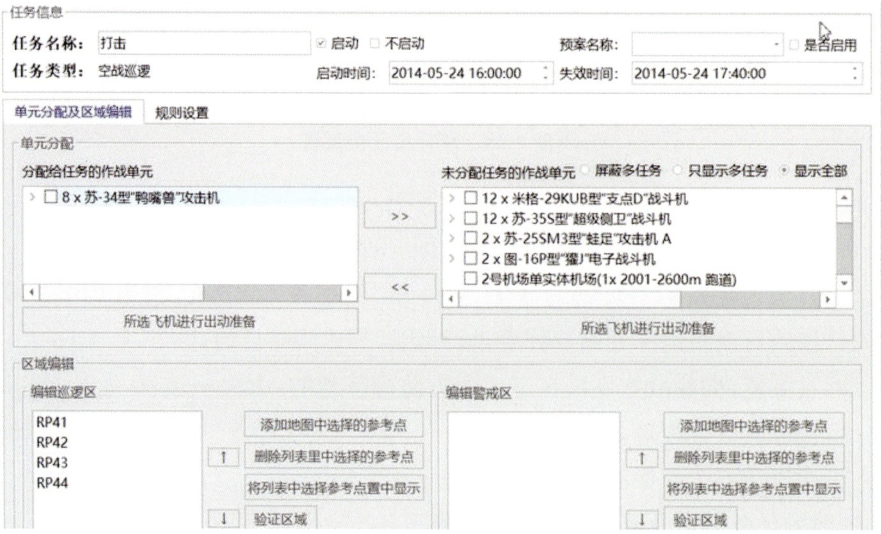

附图 3-32 火力摧毁任务部署

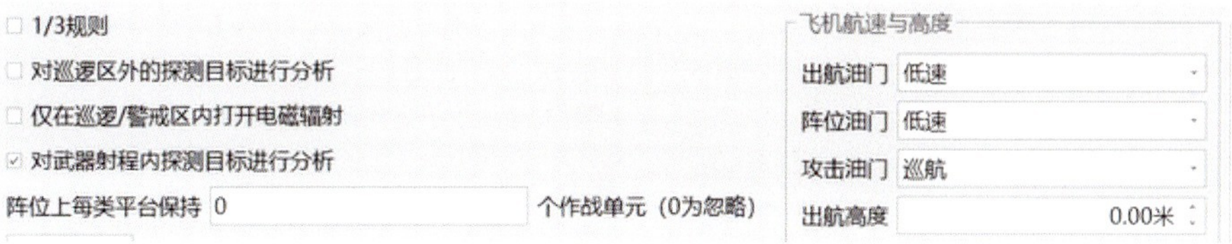

附图 3-33　火力摧毁任务武器使用规则

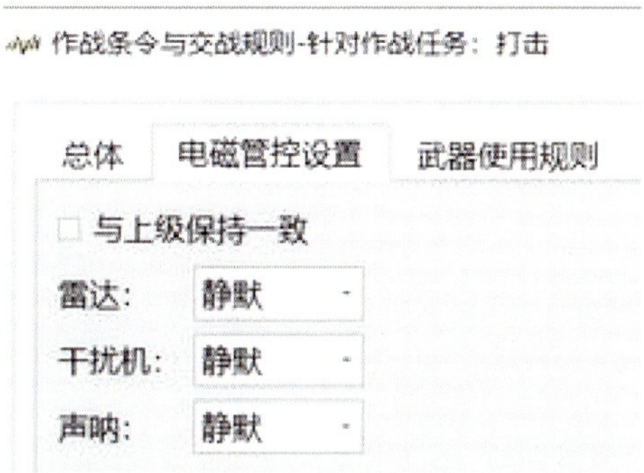

附图 3-34　火力摧毁任务电磁管控设置

四、战前准备

此阶段主要是从总体设置和武器设置两个方面进行更改和完善。

(一) 总体设置

我方的作战条令与交战规则更改如下：

① 武器控制状态打开对空、对海、对陆、对潜的自由开火,使我方飞机和导弹能自主地选择和打击目标,提高作战效率。

② 燃油状态-返航设置为否,达到燃油状态时作战单位并不返回,因为加油机的保障,我方飞机可长时间逗留空中,可不返航。

③ 武器状态,预先规划:允许使用航炮对临机目标进行打击;武器状态-返航:飞机达到武器状态并不返航。

④ 空对地扫射(航炮):是。

⑤ 雷达干扰机:全部打开。详细操作界面如附图 3-35~附图 3-36 所示。

(二) 武器设置

将防空导弹对空中目标的导弹发射数量设置为 1 发,因导弹数目有限,要防止重复无效打击,故进行单发防御,SA-3C 因为防御距离短防空能力比较小,导弹发射数量设置为 2 发。

对空防御距离进行适当缩小,防止对防区边缘的飞机进行过远距离打击,击中概率小,浪费导弹。

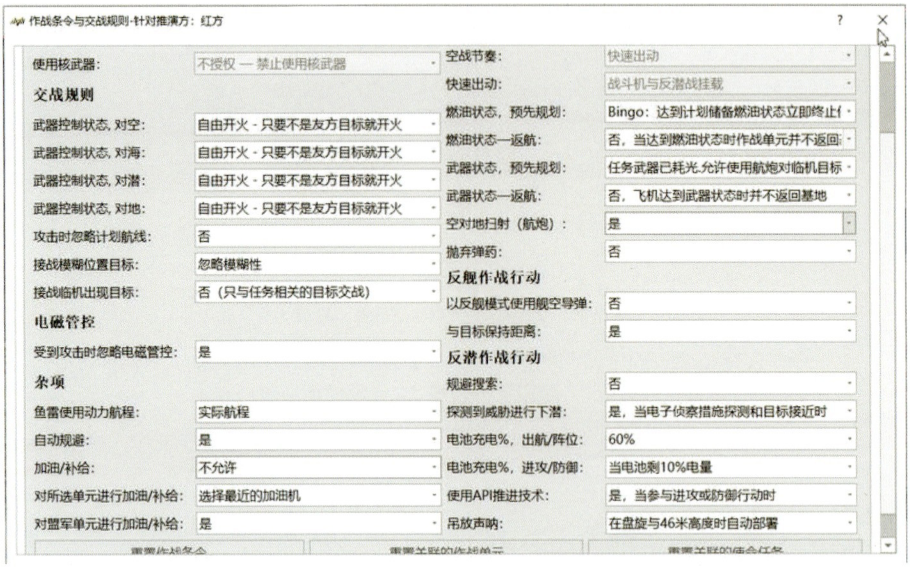

附图 3-35　红方作战条令与交战规则设定

附图 3-36　红方电磁管控设置

萨姆-21B 型导弹取消其对掠海飞行的导弹的拦截，节省导弹，只要采取一定策略使敌方导弹打击无效即可。其他武器装备操作如附图 3-37～附图 3-42 所示。

附图 3-37　红方 SA-3C 型"果阿"防空导弹设置

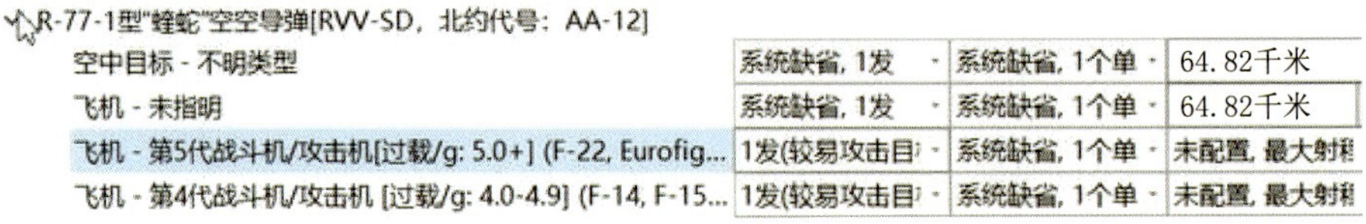

附图 3-38　红方 R-77-1 型"蝰蛇"空空导弹设置

附图 3-39　红方萨姆-21B 型"咆哮者"防空导弹设置

附图 3-40　红方萨姆-10B 型"雷声"防空导弹设置

附图 3-41　红方萨姆-10A 型"雷声"防空导弹设置

附图 3-42　红方制导武器设置

五、作战经过

整个推演过程基本按照预定方案进行,但是对手的战术运用非常灵活,整个对抗过程非常激烈,简要分四个阶段进行介绍。

(一) 蝰蛇突击

① 2 号机场的四架苏-25SM3 型攻击机,对敌方萨姆-5C 发射 AS-11 型"短裙"反辐射导弹。

② 2 号机场和 3 号机场共 10 架米格-29 加力出动打击敌东侧山脉附近的飞机。

③ 所有飞机设定机场为 2 号机场,即南部机场,在所有的超视距武器射击完毕后,加力向 2 号机场返航,保存实力。

(二) 飞地诱敌

① 推演开始时,由 2 号机场起飞的两架苏-25SM3 型攻击机,直飞下部飞地。第一架飞机先用挂载的 AS-11 型短裙反辐射导弹打击导弹营的雷达设施,第二架飞机用 RBK-500 集束炸弹对其进行摧毁。

② 完成飞地打击任务的两架苏-25SM3 型攻击机在附近保持空中盘旋，此时我方领空上方已无其他我方飞机，这两架飞机成为西北方大批前来空中拦截的敌 F-35C 战机的目标。

（三）抵近防御

①湖边防御：当我方米格-29 快速出击并返回后，敌方开始展开对我湖边防御阵地进行攻击。

我方运用湖边的三个防空导弹营与东南方的萨姆-21B 进行防空反击，湖边的导弹营的防御范围较小，可直接开启对空自由开火，防止敌机接近，萨姆-21B 命中精度高，要等飞机飞近，再开启自由开火。

② Y 区伏击：敌方飞机大致呈纵队出现在我方 Y 区防御要地领空，西北方与中心腹地的四架萨姆-10 防空导弹营具有优良性能，对正直穿过我方防区的敌 F-35C 战机进行近距离打击。由于飞机距离我方导弹营近，炮火密集，打击效果良好。

我方飞地诱敌非常成功，剩余的四架敌 F-35C 战机继续追击我方两架苏-SM3 型攻击机。

（四）长剑破敌

① 机队潜行：我方在推演开始后，从北方基地派遣两个攻击飞机群，一个是航母攻击群，一个是腹地打击群；腹地打击群分三个机组，分别为支援机组、预打击机组、对地打击组。在我方机群到达蓝方腹地前，在空的可战斗的敌机仅剩三架。

② 标识敌方雷达、机场为我方目标，目的是节省弹药，将攻击武器主要用于摧毁敌方的反抗力量。

③ 支援：我方图-17 电子战飞机在战场提供战场情报与电子干扰。

④ 预打击：苏-35S 型战斗机利用 R77-1 型"蝰蛇"空空导弹对敌方剩余的飞机进行打击；利用 AS-17D 型反辐射导弹、AS-14 型小锚近程对地导弹，对敌方腹地的防空导弹营进行预打击，摧毁其雷达设施，使其致盲。

⑤ 对地打击：苏-34"鸭嘴兽"攻击机在苏-35S 型战斗机的反辐射导弹打击效果下，对敌方的防空导弹营进行全面打击。

⑥ 航母打击：利用苏-35 战机防区外发射反辐射导弹，使其致盲，然后飞机抵近对其进行打击。

六、作战结果

（一）突击战果

红方通过利用米格-29 的速度与远程火力打击优势，对蓝方刚起飞的飞机机群进行突击，打击效果显著，达到无飞机被敌方击落的最佳效果，得到 567 分。此时推演结果如附图 3-43—附图 3-44 所示。

（二）飞地战果

红方的两架苏-25 将蓝方南方飞地的导弹营和雷达全部摧毁，并成功引诱敌西北方向的 F-35C 飞机进入防御阵地，达到战略目的。

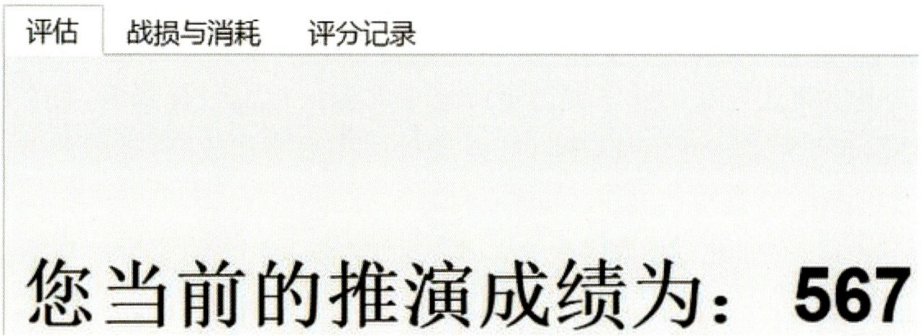

附图 3-43　突击结束时推演成绩

附图 3-44　突击结束时战损表

但是由于红方飞地任务的飞机飞离基地过远,燃油耗尽,无法返航,最终坠毁。

(三) 防御战果

避免与蓝方大数量优势的飞机机群进行空中对抗,红方只采用防空导弹营进行防御,湖边战区利用湖边的三个导弹营与萨姆-21B,将东部的飞机机群歼灭大半,只剩下四架残余飞机,后用导弹逐一击落,完全保护了红方的湖边阵地。

Y 区防御区利用导弹营的集群优势,将二十四架 F-35C 击落十六架,剩四架返航,四架飞机继续追击红方战机,这四架因快速追击导致燃油耗尽,最终坠毁。

红方此次防守任务基本完成,仅损失一架 36D6 型早期雷达,得到 2 542 分,如附图 3-45 所示。

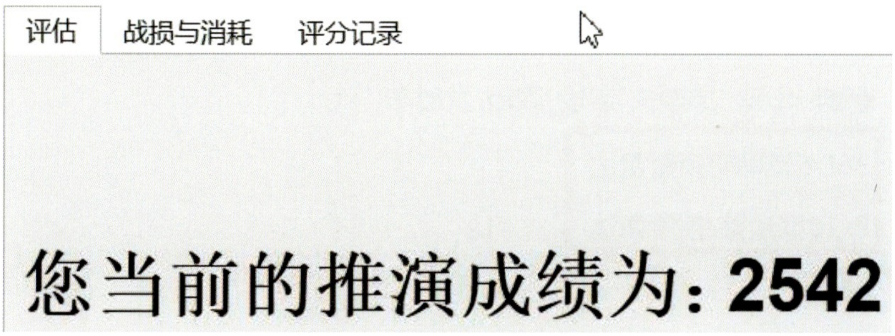

附图 3-45　防御后推演成绩截图

（四）破敌战果

红方利用预打击、对地全面打击、电子干扰、加油支援相结合的方式，对蓝方防守腹地进行攻击，基本将蓝方在山脉东侧防御阵地中北侧的地面目标摧毁，且在作战中，仅损失了一架苏-35S型超级侧卫战斗机，红方战机的存活率比较高，摧毁蓝方11座防空导弹营。

最终得分4 119分。此刻推演成绩及战损情况如附图3-46～附图3-47所示。

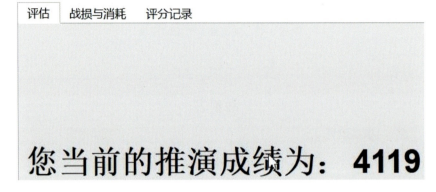

附图3-46　对蓝方防守腹地攻击后推演成绩

装备型号	损失数量
苏-25SM3型"蛙足"攻击机 A	2
苏-35S型"超级侧卫"战斗机	1
ZU-23-2型23mm高射炮	1
5N63S型制导雷达	1
萨姆-7A型"圣杯"便携式肩扛防空导…	3
萨姆-10B型地空导弹发射车	6
萨姆-4a型"加涅夫"运输-竖起-发射车	1
萨姆-4b型"加涅夫"运输-竖起-发射车	1
36D6型早期预警雷达	1
P-18型预警/搜索雷达	1

附图3-47　攻击战损截图

七、作战总结

(一) 数据分析

1. 从交战结果得分分析

本次推演,我方将敌方的空中力量基本全部摧毁,具体得分明细如附表 3-8 所示,从得分可以看出,分值主要来源于空对地、地对空的打击,空对地主要由手动操作得分,而地对空主要由任务规划得分。

附表 3-8　作战得分总结

项目		歼敌得分	被歼失分
地对空	任务规划	1 724	0
	手动操作	55	90
空对地	任务规划	100	20
	手动操作	1 620	0
空对空	任务规划	505	0
	手动操作	35	0
自损	非作战打击	240	50
总和		4 279	160

2. 从导弹命中概率分析

通过分析本局各类武器命中概率,结合对比图(附图 3-48)统计可知:

① 空对空导弹的命中率普遍比较高,地对空导弹的命中率存在较大差异。

② 由于我方采用避免与敌 F-35C 进行空中的策略,且我方的飞机采用超视距打击,敌方飞机对我飞机打击比较少。

③ 我方地对空导弹的命中率普遍比敌方高,敌方的大部分的地对空导弹的命中率极低,保证了我方采用导弹营打击敌方飞机,用我方飞机全面打击其导弹营策略的实施。

④ 通过敌方对我方飞机的命中率可以为作战提供参考,优先集中打击对我方威胁大的飞机,为我方快速夺取控制权提供打击方向。

(二) 推演优缺点

1. 优点

(1) "保存自己,消灭敌人"原则:

在整个推演过程中,对红方飞机和地面设施格外注重保护,最大限度减少伤亡的前提下,争取消灭更多的敌人,最终红方被歼失分仅为 160 分,达到作战目的。

(2) 采取扬长避短的策略:

蓝方在前期拥有对红方绝对的空中优势,不管是数目还是质量,这是因为在北方的基地内的飞机无法快速投入战场。而红方的地空导弹营具有质量上的优势,有大量的弹药、远距离打击能力、极高的命中率,所以红方避免与蓝方进行空战,而是用导弹营打飞机、用飞机打

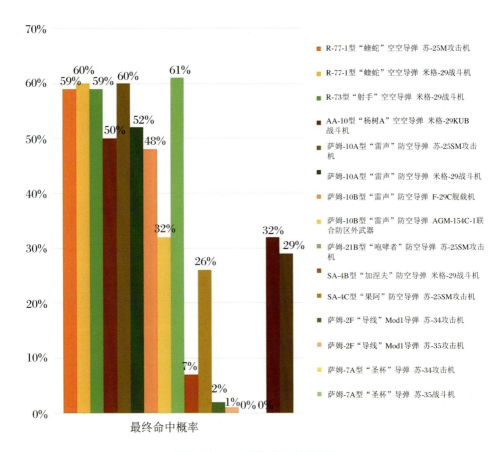

附图 3-48　导弹命中概率对比图

导弹营。

(3) 快慢结合的战法：

红方在推演开始时，就直接出动进行空中快速超视距打击，并且快速撤离，而北方基地的飞机低速静默，防止蓝方飞机发现干扰，成功到达指定作战区域。

(4) 每战集中绝对优势兵力，发挥绝对火力优势：

"分散地使用空军力量是不正确的，因为独立空军的任务就是在最短时间内给敌人最大损害。尤其是当面对一支实力相同的空军时，更要最大地发挥独立空军的潜力，不必担心浪费。"——《空权论》

红方的对空导弹发射遵循可靠距离发射、导弹一对一、同时集中的原则，将有限的导弹发挥最大的效益，防止重复打击、低价值打击。

(5) 采用多任务同时开展：

蝰蛇突击任务、飞地打击任务、北部潜行任务同时在第一时间开展，而湖边防御与 Y 区防御同时进行，电子对抗与对陆打击同时进行，任务安排条理清晰。

2. 缺点与改进思路

① 执行南部飞地打击任务的飞机未提前考虑到燃油的限制，导致红方非战斗减员，应做好燃料规划，不做无意义消耗。

② 对湖边的防守未一以贯之，未将残余飞机全部歼灭，导致红方的一个雷达被摧毁，应利用萨姆-21B 进行远程打击。

③ 在西部的防守中，未提前留好飞机预备队，将飞机全部派出进行空中打击，没有足够的空中力量做保护；同时，也可预留飞机，对南部没有防守的蓝方空军基地进行打击，对飞地任务没有执行彻底。

④ 对航母的打击没有效果，达不到将其摧毁的效果，没有提前考虑航母的防御能力（等效导弹数），所派遣的飞机的挂载无法完成任务，如果将飞机编队用于腹地打击，红方打击效果将会更好。

⑤ 对时间的掌控不足，当在执行对敌腹地进行打击时，蓝方的反抗能力基本消除，可时间不足，未能完成所有打击任务，可提前将红方飞机的航速上调，与西侧战斗相呼应，同时打击。

⑥ 未能考虑敌东部沿海的防御阵地，红方应考虑双线路同时出击，对蓝方平原腹地与半岛地区同时打击。

附 3-2 《飞地战云》想定推演战报

摘　要：由于蓝方国家所属飞地内红方族人宣布独立，红方国家对飞地独立表示支持，红蓝双方产生了激烈的冲突。蓝方兵力数量占据优势，但装备质量较为落后；红方兵力数量较少，但装备较为先进。谁将在这场飞地之争中获得胜利，颇具悬念。

关键词：飞地；战斗机；攻击机；地空导弹营；打击

一、推演编组

比赛形式：人人对抗。
比赛项目：编队赛。
使用想定：飞地战云-复赛决赛版。
红方：＊＊＊、＊＊＊；蓝方：＊＊＊、＊＊＊。

二、战前分析

（一）作战背景

飞地是一种特殊的人文地理现象，指隶属于某一行政区管辖但不与本区毗连的土地。在该想定内，蓝方所拥有的飞地极具争议。该飞地内红方族人希望获得自治，宣布飞地从蓝方领土中独立出来。红方国家自然支持其种族，帮助红方族人，支持飞地独立。由此，红蓝双方产生了激烈的冲突，战争一触即发。

（二）兵力装备

1. 红蓝双方兵力数量对比

红蓝双方兵力数量对比如附表 3-9、附表 3-10 所示。

附表 3-9　红方兵力数量

	类　别		单位名称	数量
红方	空中力量	2 号机场	苏-25SM3 型"蛙足"攻击机 A	6
			米格-29KUB 型"支点 D"战斗机	6
		3 号机场	米格-29KUB 型"支点 D"战斗机	6
	地面力量		36D6 型早期预警雷达	4
			P-18 预警雷达	1
			"大鸟 B"[5NS]雷达	1
			SA-10A 地空导弹营	5
			SA-3C 地空导弹营	2
			SA-10B 地空导弹营	1
			SA-4 地空导弹营	1

附表 3-10　蓝方兵力数量

		空军基地名称	单位名称	数量
蓝方	空中力量	纳西切万机场	无	
		BK 空军基地	无	
		A 空军基地	苏-25SM 型"蛙足"攻击机	12
		B 空军基地	米格-29 型"支点 C"战斗机	6
		B 空军基地	苏-25K 型"蛙足"攻击机 A	16
		C 空军基地	米格-29 型"支点 C"战斗机	12
		D 空军基地	"苍鹭"无人机	5
			米格-29 型"支点 C"战斗机	16
	地面力量		36D6 型早期预警雷达	6
			P-18 预警雷达	3
			P-14 雷达	3
			P-37 雷达	1
			P-80 雷达	1
			SA-3C 地空导弹营	9
			SA-2F 地空导弹营	4
			SA-4 地空导弹营	3
			SA-5C 地空导弹营	2

由附图 3-49、附图 3-50 发现，蓝方无论是空中力量还是地面防空力量都在数量上近乎对红方产生压倒性的优势。似乎蓝方高枕无忧，这场战争的胜利毫无悬念。但海湾战争和

伊拉克战争表明，现代战争相较以往产生了巨大的变化，兵力优势不再是取胜的决定性因素。下面我们来进行红蓝双方武器装备性能的分析。

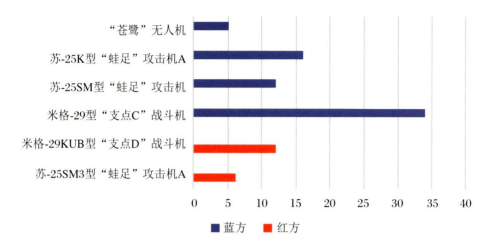

附图 3-49　红蓝双方空中力量对比

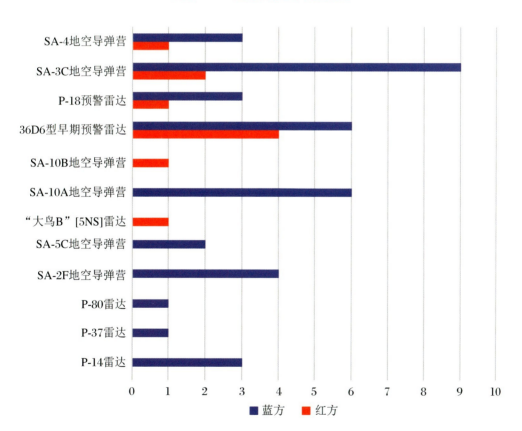

附图 3-50　红蓝双方地面力量对比

2. 空中武器装备性能分析

红蓝双方空中挂载数量及性能如附表 3-11～附表 3-13 所示。

附表 3-11　蓝方空中单位挂载

名称	选择挂载	挂载数量	雷达距离(km)	停放机场	数量	训练水平
苏-25SM 型"蛙足"攻击机 A	30 mm Gsh-30-2 型航空机炮[50 发备弹]	5	17.149 5（激光目标指示器&测距仪）	A 空军基地	4	普通
	通用箔条齐射[4x 弹药桶]	32				
	通用红外干扰弹齐射[4x 弹药桶,单光谱]	32				
	BetAB-500SP 型集束炸弹[268xPTAB-1M 型反坦克炸弹]	4				
	AA-8 型"蚜虫"空空导弹[R-60TM]	2				
苏-25SM 型"蛙足"攻击机 A	30 mm Gsh-30-2 型航空机炮[50 发备弹]	5	17.149 5（激光目标指示器&测距仪）	A 空军基地	8	普通
	通用箔条齐射[4x 弹药桶]	32				
	通用红外干扰弹齐射[4x 弹药桶,单光谱]	32				
	AS-14 型"小锚"近程空地导弹[Kh-29T]	2				
	AA-8 型"蚜虫"空空导弹[R-60TM]	2				
苏-25K 型"蛙足"攻击机 A	30 mm Gsh-30-2 型航空机炮[50 发备弹]	5	17.149 5（激光目标指示器&测距仪）	B 空军基地	16	普通
	通用箔条齐射[4x 弹药桶]	32				
	通用红外干扰弹齐射[4x 弹药桶,单光谱]	32				
	RPK-250-PTAB 型集束炸弹[30xPTAB-2.5 型反坦克炸弹]	2				
	AA-8 型"蚜虫"空空导弹[R-60TM]	2				
米格-29 型"支点 C"战斗机	通用红外干扰弹齐射[3x 弹药桶,单光谱]	10	74.08（火控）	D 空军基地	16	普通
	通用箔条齐射[5x 弹药桶]	6				
	30 mm Gsh-30-1 型航空机炮	5				
	R-73 型"射手"空空导弹[北约代号:AA-11]	6				
米格-29 型"支点 C"战斗机	通用红外干扰弹齐射[3x 弹药桶,单光谱]	10	74.08（火控）	B 空军基地	6	普通
	通用箔条齐射[5x 弹药桶]	6				
	30 mm Gsh-30-1 型航空机炮	5		C 空军基地	12	
	R-73 型"射手"空空导弹[北约代号:AA-11]	4				
	AA-10 型"杨树 A"空空导弹[R-27R,MR 半主动雷达导引]	2				
"苍鹭"无人机	无	无	926（电子支援）	D 空军基地	5	普通

附表 3-12　红方空中单位挂载

名称	选择挂载	挂载数量	雷达距离(km)	停放机场	数量	训练水平
苏-25SM3型"蛙足"攻击机A	30 mm Gsh-30-2 型航空机炮[50 发备弹]	5	222.24	2号机场	6	普通
	通用箔条齐射[4x 弹药桶]	32				
	通用红外干扰弹齐射[4x 弹药桶,单光谱]	32				
	AS-11 型"短裙"反辐射空地导弹	2				
	AA-8 型"蚜虫"空空导弹[R-60TM]	2				
米格-29KUB型"支点D"战斗机	通用红外干扰弹齐射[3x 弹药桶,单光谱]	10	74.08	2号机场	6	普通
	通用箔条齐射[5x 弹药桶]	6				
	30 mm Gsh-30-1 型航空机炮	5				
	R-73 型"射手"空空导弹[北约代号 AA-11]	2				
	R-77-1 型"蝰蛇"空空导弹	4				
米格-29KUB型"支点D"战斗机	通用红外干扰弹齐射[3x 弹药桶,单光谱]	10	74.08	3号机场	6	普通
	通用箔条齐射[5x 弹药桶]	6				
	30 mm Gsh-30-1 型航空机炮	5				
	R-73 型"射手"空空导弹[北约代号 AA-11]	2				
	R-77-1 型"蝰蛇"空空导弹	6				

附表 3-13　飞机主要挂载性能对比

武器名称	最大射程(km)	对空 PoH	发射最低高度(地面高)(cm)	发射最高高度(海拔)(cm)
R-77-1 型"蝰蛇"空空导弹	111.12	90%	60.9	19 812
AA-10 型"杨树A"空空导弹	89.34	80%	60.9	19 812
R-73 型"射手"空空导弹	18.52	95%	60.9	19 812
AA-8 型"蚜虫"空空导弹	9.26	80%	30.4	19 812
AS-14 型"小锚"近程空地导弹	11.11	85%	198.1	4 876.8
RPK-250-PTAB 型集束炸弹	1.85	99%	60.9	609.6
AS-11 型"短裙"反辐射空地导弹	240.76	85%	198.1	21 336

由附图 3-51~附图 3-53 可以看出,红方攻击性挂载总数仍少于蓝方,但空地、空空导弹

射程较远,能在蓝方武器射程外开火,在蓝方单位未进攻前对其造成有效杀伤。红方 AS-11 型"短裙"反辐射空地导弹最远射程可达 240.76 km,同时具有较高的基础命中率。RPK-250-PTAB 型集束炸弹及 R-73 型"射手"空空导弹基础命中率较高,但射程较短,需靠近开火,同时 RPK-250-PTAB 型集束炸弹还对飞机的飞行高度具有较为苛刻的要求,这一点在使用时需注意,可在接近打击目标的过程中逐渐降低攻击机的飞行高度,避免靠近目标后无法执行打击任务。同时对红蓝双方最强的两种空空导弹进行对比,发现红方 R-77-1 型"蝰蛇"空空导弹比蓝方 AA-10 型"杨树 A"空空导弹射程多 20 km 左右,同时基础命中率高 10%。针对此种情况红方设置开火距离为 90 km 左右最佳,在保证打击精度的情况下在蓝方战机射程外对其进行打击,保存红方有生力量。而作为蓝方,需探明对方飞机的开火距离,尽量在最大射程外消耗敌方导弹,若开火距离太短,对蓝方不利,可先行撤退。

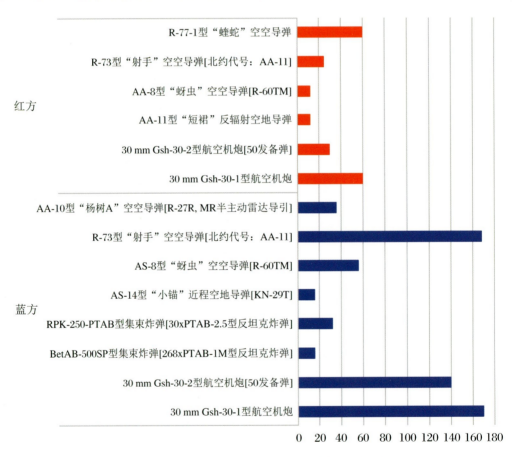

附图 3-51　红蓝双方空中单位攻击型挂载总数量对比

3. 地面武器装备性能分析

(1)地空导弹营:

由附表 3-14 可以看出,红方大部分地空导弹营具有移动能力,能够根据战场情况变换位置。由附图 3-54~附图 3-55 可以得出,蓝方 SA-5C 地空导弹营火控雷达范围较大,防御能力突出。SA-3C 地空导弹营的火控雷达照射范围较短,对空打击时反应时间短。

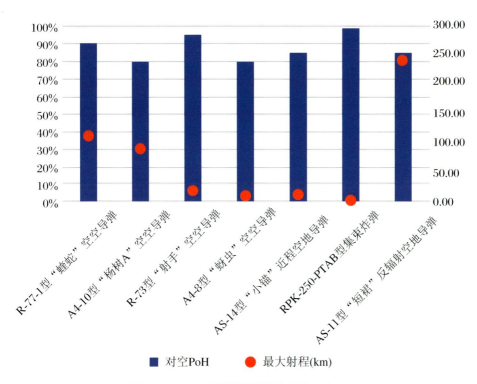

附图 3-52　飞机主要挂载最大射程及对空 PoH

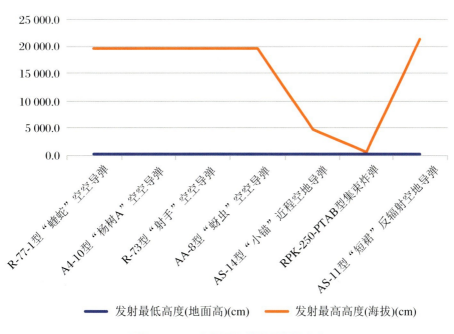

附图 3-53　飞机主要挂载所需发射高度

附表 3-14 地空导弹营及导弹参数

名称	弹药	弹药数量	火控雷达范围(km)	防御能力(等效导弹数)	是否可以移动	训练水平
SA-10A 地空导弹营	萨姆-10A 型"雷声"防空导弹	48	166.68	5	是	普通
SA-3C 地空导弹营	萨姆-7A 型"圣杯"导弹	9	59.264	7	否	普通
	SA-3C 型"果阿"防空导弹	48				
SA-10B 地空导弹营	萨姆-10B 型"雷声"防空导弹	64	166.68	8	是	普通
SA-4 地空导弹营	23 mm ZU-23-2 高射炮	100(备弹 20 发)	129.64	6	是	普通
	SA-4B 型"加涅夫"防空导弹	12				
	SA-4A 型"加涅夫"防空导弹	6				
SA-2F 地空导弹营	萨姆-2F"导线"Mod1 导弹	18	148.16	8	否	普通
	萨姆-7A 型"圣杯"导弹	9				
SA-5C 地空导弹营	23 mm ZU-23-2 高射炮	300	407.44	16	否	普通
	萨姆-5C"甘蒙"[5V28M5]地空导弹	36				

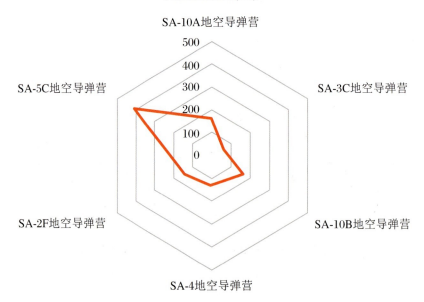

附图 3-54 地空导弹营火控雷达范围比较

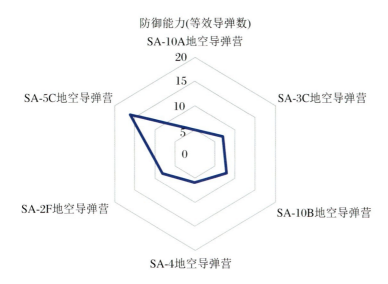

附图 3-55　地空导弹营防御能力比较

（2）雷达：

各雷达参数如附表 3-15 所示。

附表 3-15　雷达参数

名称	探测距离（km）	防御能力（等效导弹数）	是否可以移动	训练水平
36D6 型早期预警雷达	351.88	2	是	普通
P-18 预警雷达	370.4	2	是	普通
"大鸟 B"[5NS]雷达	601.9	3	是	普通
P-14 雷达	592.64	2	否	普通
P-37 雷达	463	3	否	普通
P-80 雷达	463	2	否	普通

由附图 3-56～附图 3-57 可以看出，红方的"大鸟 B"[5NS]雷达及蓝方的 P-14 雷达对空探测距离较远，性能优异，但"大鸟 B"[5NS]雷达的防御能力明显优于 P-14 雷达。其余雷达性能没有太大差距。

4. 综合分析判断结论

根据对双方兵力配比、武器性能以及战场态势的综合分析，蓝方有着兵力数量的绝对优势，但红方强大的武器性能会对蓝方造成毁灭性打击。另外，红方对地打击武器主要为反辐射导弹以及航炮，对地火力有限，所以红方更大可能是通过打击蓝方空中单位进行得分。因此，蓝方一方面需要集中优势兵力突击红方的 SA-10A，另一方面要与红方战斗机拉开距离，以此减弱红方的火力优势。

开战伊始并不能准确探测到红方的 SA-10A，因此蓝方需要适当地等待"苍鹭"无人机接

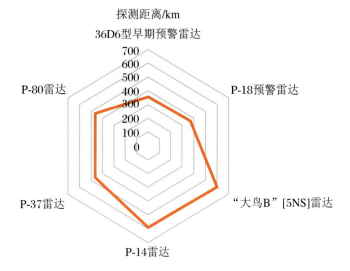

附图 3-56 雷达探测距离比较

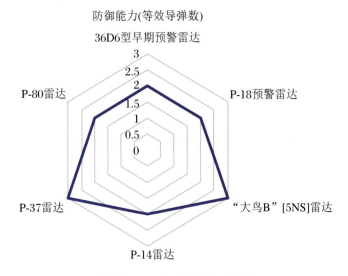

附图 3-57 雷达防御能力比较

近红方导弹营阵地,在能够更好地确定红方 SA-10A 的位置以后,配合苏-25 攻击机的对地打击以及米格-29 的火力吸引再进行更有效的进攻,可以取得更好的打击效果。

通过分析红方 SA-10A 的移动速度与周边地形,可以大致确定红方 SA-10A 的移动范围,为下一步快速侦察提供方向。

(三) 红方可能采取的行动方案

1. 空中单位可能采取的方案

① 蓝方需要通过无人机对红方地面单位进行侦察,无人机的重要性不言而喻,因此,红方很可能会派遣少量兵力对蓝方无人机进行打击。

② 蓝方中部的 SA-5C 射程极远,是蓝方主要地对空火力之一,所以红方攻击机极可能

使用大量反辐射导弹集中打击我方中部 SA-5C 导弹营。因此,尽可能在混战中使用 SA-5C 进行偷袭,打对手个措手不及。

③ 红方米格-29 的"蜂蛇"导弹拥有极远的射程,但近距离交战便无法发挥"蜂蛇"导弹的射程优势,所以红方大概率会依托地空导弹营阵地进行空地联合,保守反击。可能依托的导弹营阵地为:湖边由 SA-3C 及 SA-4 构成的防御区域;南部由两个 SA-10A 构成的防御区域。

2. 地面单位可能采取的方案

① 通过分散导弹营的部署来拖延蓝方对地侦察的时间,等蓝方空中单位接近,即将探测到导弹营位置时,再对所有目标进行短距离有效打击。

② 集中部署两个导弹营,以两个 SA-10A 的强大火力配合米格-29 的空中火力,瞬间造成毁灭性打击。

③ 向东北侧山脉移动,配合米格的空中火力可以对返航的蓝方战机进行有效伏击。

④ 根据数据资料及模拟演练结果显示,红方 SA-10A 最大行军速度为 55 km/h,蓝方集结完毕所需时间约为仿真时间 30 min。考虑到两侧山脉地形的影响,可大致计算出红方 SA-10A 的预计行动范围,大大缩短寻找红方地空导弹营的时间。

三、作战计划

(一) 作战思想

1. 集中优势兵力,各个歼灭敌人

"攻守也,专一则胜,离散则败"(出自《尉缭子》)。毛泽东同志在解放战争初期对作战经验进行了科学的概括,他指出,集中优势兵力,各个歼灭敌人的效果是一能全歼,二能速决。在该想定中,蓝方装备质量薄弱,若将兵力分散,必遭红方逐一歼灭。必须充分发挥蓝方的兵力数量优势,趁红方兵力尚未完全集中,毕其功于一役,打击红方薄弱点,功成即退。

实行这种战法,必须在作战指导方面注意和强调:在战役和战斗的部署方面集中绝对优势的兵力,即集中六倍、五倍、四倍,至少也要三倍于敌的兵力,反对平分兵力;在敌处进攻我处防御地位时,选择敌前进中较弱的一路,首先进行分割包围各个歼击,得手后,依情况再逐次歼击他路之敌;在敌处防御我处进攻地位时,依情况可同时攻击或逐个攻击;在主力集中歼敌时,应以歼灭敌人有生力量为目标,而不以保守或夺取地方为主要目标。

2. 不惜一切代价夺取制空权

制空权是赢得胜利的必要充分条件。意大利著名军事理论家、制空权理论的倡导者杜黑认为,制空权能带来以下优势:一是防扩一国领土领海不受敌人空中进攻,因为敌人已无力发动进攻;二是使敌人领土暴露在我方空中进攻之下,能对敌人的抵抗以直接有力的打击,因为敌人已不能在空中活动;三是能保护本国陆、海军基地和交通线,还能威胁敌人的这些领域;四是阻止敌人从空中支援其陆、海军,同时保证对我方陆、海军给予空中支援。在二战后 190 多场局部战争和武装冲突中,有空军参战的占 90%。空军的大量投入、率先使用甚

至是单独使用,对局部战争的进程和结局产生了显著的影响。对于该想定来说,夺取制空权能够有效保护我方攻击机,为攻击机实施对地打击任务创造良好的条件,同时切断对方空中单位对地空导弹营的火力支援。

3. 保存自己,消灭敌人

战争的目的就是"保存自己,消灭敌人"(出自毛泽东《论持久战》)。

蓝方的兵力优势既是优点,也是缺点。一旦蓝方空中力量遭到红方毁灭性打击,胜利的天平立刻就会向红方倾斜。所以,在消灭敌人的前提下,必须有效地保存己方有生力量,尽量避免在敌方地空导弹营射程范围内与敌方发生空战。与敌方战机交火时必须提高战机飞行速度,增强战机机动性,快速靠近敌方战机进行歼灭,或在远处消耗敌方战机导弹,之后再进行追击。

4. 情报为要

"情报是指我们对敌人和敌国所了解的全部材料,是我们一切想法和行动的基础。"(出自《战争论·战争的现实》)了解敌方空中单位及地面单位的部署及运动趋势,能够对我方下一步的战略、战术安排起到指导作用。若对敌方空中单位所处位置不明,不能准确把握敌方意图,极有可能会遭受惨重损伤。在开战前应考虑雷达性能及所处位置,及时开启雷达侦察敌方空中单位,同时派出无人机对可能存在敌方单位的位置进行探测。

(二) 备选方案

1. 蓝方方案一

(1) 指导思想:

依靠蓝方的兵力优势,以中部 SA-3C 地空导弹营为初始打击目标,在红方地空导弹营前来支援前迅速集结蓝方空中力量,以米格-29S 战斗机作为掩护,对红方空中单位进行打击,随后以苏-25SM 攻击机伺机实施对地打击,而后逐步蚕食敌方北部与中部的 SA-10 地空导弹营,扩大战果。

(2) 阶段划分:

第一阶段(部署阶段):迅速于中部集结 B、D 两个空军基地内的战斗机和攻击机,同时调动 C 空军基地内的战机和攻击机准备对中部战场进行支援。

第二阶段(试探阶段):在红方战机未赶到战场前迅速组织 B 空军基地内的战机掩护 D 空军基地内的攻击机对红方中部 SA-3C 地空导弹营实施打击,功成即退,等待与后方赶来的空中单位会合。若红方大量战机在蓝方未实施有效对地打击前即赶到战场,则在保持安全距离的前提下立即撤退。

第三阶段(战斗阶段):当蓝方兵力集结完毕后,寻找机会与红方进行空中交战,力求消灭红方空中力量,夺取制空权。成功后以战斗机掩护攻击机,对红方中部地面单位进行打击。

第四阶段(结束阶段):当红方中部地面单位基本被消灭或蓝方战机数量不足、导弹耗尽时即组织撤退。

(3) 方案优缺点：

优点：方案成功会获得较高的得分，前期对方兵力未集中时，对红方攻击较弱、不能移动的导弹营进行突然集中打击，容易取得战果。

缺点：前期造成兵力分散，若红方迅速集结兵力对蓝方空中单位进行打击，如未把握好撤退时机有可能会造成惨痛损失。

2. 蓝方方案二

(1) 指导思想：

依靠"苍鹭"无人机的对地电子侦察，利用蓝方的兵力优势，瞬间大量集结蓝方空中力量，驱使苏-25攻击机作为攻击单元、搭载R-73空空导弹的米格-29作为掩护单元、搭载"杨树"空空导弹的米格-29作为远程空空打击单元，以南部SA-10A作为对地打击目标进行打击。打击任务完成后迅速撤退，以中部山脉前往支援的地空导弹营SA-5C作为伏击力量进行掩护，确保打击任务顺利进行，减少蓝方空中力量的损失。

(2) 阶段划分：

第一阶段（防守集结阶段）：打开部分探测雷达，将"苍鹭"无人机派至靠近南部区域，对红方单位进行侦察。同时将所有空中单位向南部红方两个SA-10A地空导弹营所在位置处机动。

第二阶段（空中作战阶段）：红方侦察到蓝方兵力部署，必将派遣攻击机赶往战场。蓝方以搭载R-73空空导弹的米格-29作为掩护，搭载杨树空空导弹的米格-29作为远程空空打击单元，提高战机飞行速度，一定距离内消耗敌方导弹，或迅速冲至我方导弹射程内对敌方空中单位进行打击。

第三阶段（对地打击阶段）：夺取制空权后，派遣攻击机对红方南部两个SA-10A地空导弹营进行搜索和打击。

第四阶段（防守撤退阶段）：打击完毕后撤退。可试探性对红方中部SA-3C地空导弹营进行打击，进一步扩大战果。

(3) 方案优缺点：

优点：集中优势兵力，选取红方薄弱部位进攻，易获得成功。

缺点：较易被红方陆空联合打击。一旦空战失利，蓝方战机被红方大量歼灭，将立即陷入劣势。

3. 蓝方方案三

(1) 指导思想：

兵力撤至东侧临海，引诱红方空中单位前往蓝方阵地进行对地打击，待红方进入蓝方腹地后，蓝方兵力迅速折返，而后依托地面大量的导弹营阵地联合空中火力对红方实施打击。在联合作战中，参战部队需根据作战进程及战场变化进行重新编组。

(2) 阶段划分：

第一阶段（部署阶段）：将B、D空军基地中的战机派往后方，利用雷达和无人机侦察红方战机动向。

第二阶段（中间阶段）：若红方不追击，则以平局收场；若红方追击，则依托领土内地空导弹营，配合后方折返战机对红方空中目标进行打击。

第三阶段（巩固阶段）：若有效歼灭红方空中单位，则派遣战机掩护攻击机对红方中部或南部地空导弹营进行打击。

（3）方案优缺点：

优点：能够有效利用领土内的地面防空力量，对红方空中目标进行杀伤。

缺点：若红方不追击，蓝方便陷入被动，且给予红方集中兵力的时间，易被红方集中歼灭。

（三）任务规划

1. 总体任务规划

经过充分的研究和论证，本次作战蓝方采用的是方案二，即迅速集结空中力量至中部山脉的南面，然后对红方南部两架 SA-10A 进行打击。为达成这一目标，蓝方将任务划分为三大块：任务①②⑥为空中打击，任务③④为对地打击，任务⑤为空中侦察。根据作战需要及战场态势的变化，在战场中灵活进行调整应对策略。任务甘特图如附图3-58 所示。

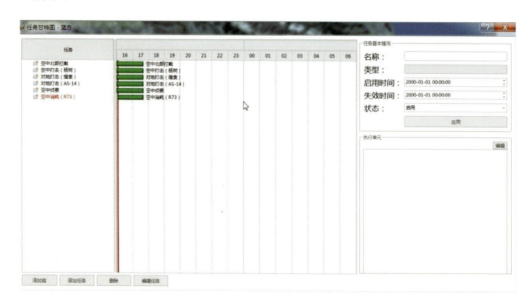

附图 3-58　任务甘特图

2. 作战决心

根据情况分析判断结论，初步定下作战决心是蓝方进攻重点在红方南部位置，北部以防守为主，北部、东部机场空中力量向前方配送，于南部集结，顺利打击后视情况突进。

3. 作战任务

根据总体作战决心，对细化作战任务进行规划。

（1）任务①——空中北部拦截：

任务介绍：据分析，红方很可能会派遣少量兵力对蓝方"苍鹭"无人机进行打击。因此蓝方需派遣部分兵力对我方起飞的"苍鹭"无人机进行保护。一方面起到拦截敌机的作用,另一方面可以在中部待命,随时准备实施支援。该阶段任务区配置如附图 3-59 所示。

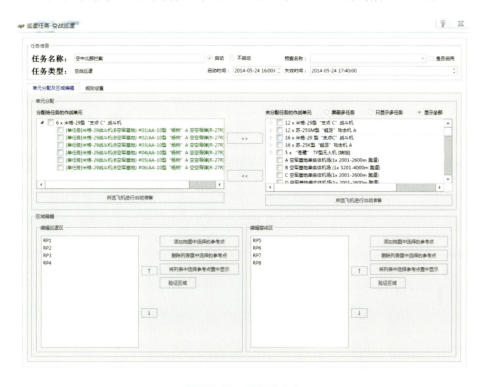

附图 3-59　任务①内容

(2) 任务②——空中打击("杨树"):

任务介绍:AA-10 型"杨树 A"空空导弹是半主动雷达制导导弹,虽然拥有较远的射程,但需要雷达通过对目标进行持续照射来进行引导才能命中。因此,发射单位需要拥有较好的发射条件,才能更好地对敌实施打击。

在任务区域设置上,蓝方将其设置成空中任务的第二梯队,在挂载 R73 空空导弹的米格-29 机群对敌突击吸引其火力的同时,利用自身射程优势打击红方战机。若第一梯队战机消耗殆尽,则转变进攻策略,加力突击敌机。该阶段任务区配置及任务内容如附图 3-60 所示。

(3) 任务③——对地打击(搜索):

任务介绍:苏-25K 攻击机性能相对较弱,挂载的 RBK-250 型集束炸弹对地攻击距离只有 1.85 km,发射高度也需控制在 60.9~609.6 m 范围,要求非常苛刻。因此,将其作为第一梯队掠地飞行,以对蓝方预判的 SA-10A 存在区域实施地毯式搜索,并伺机进行对地打击。该阶段任务区配置及任务内容如附图 3-61 所示。

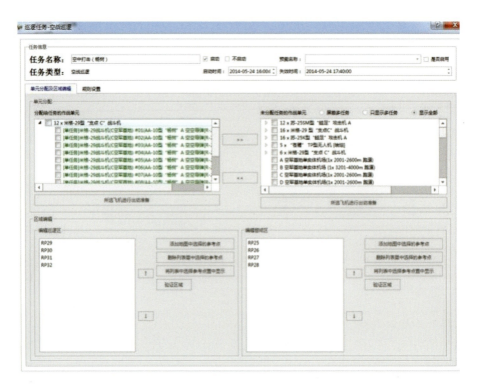

附图 3-60　任务②内容

附图 3-61　任务③内容

(4) 任务④——对地打击(AS-14)：

任务介绍：通过分析蓝方苏-25SM 的挂载，AS-14 型"小锚"近程空地导弹具有射程远、自动制导等优势，因此将其作为空地打击的主要火力来源之一。该阶段任务区配置及任务内容如附图 3-62 所示。

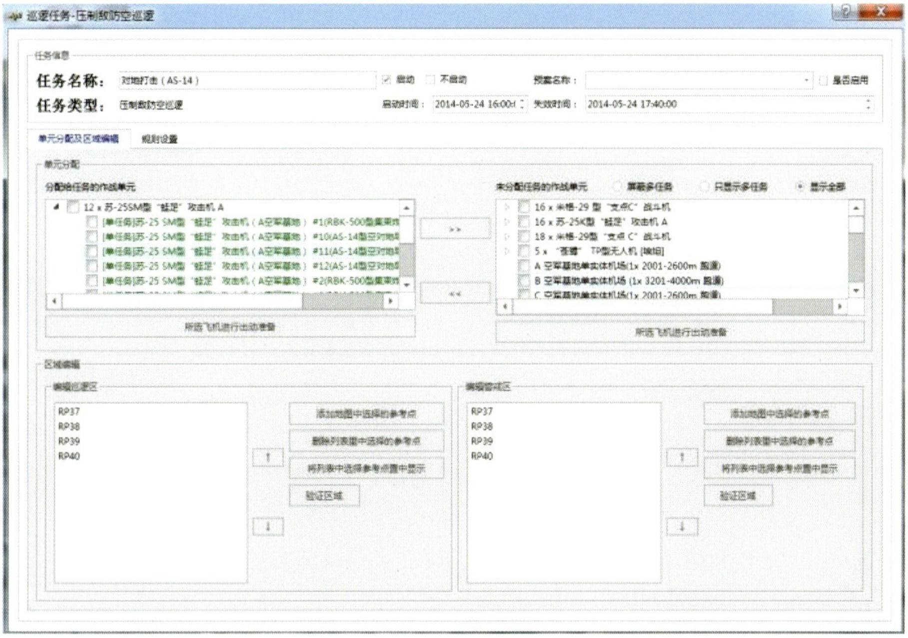

附图 3-62　任务④内容

(5) 任务⑤——空中侦察：

任务介绍：蓝方作战的主要目标是红方南部的两个 SA-10A 地空导弹营，但推演初期蓝方无法轻易搜索到目标所在位置。因此，"苍鹭"无人机的空中侦察至关重要。蓝方设置了三架"苍鹭"无人机并在任务中实施 1/3 规则，以确保无人机的持续、不间断的探测和搜索。

另外，为了应对突发情况，蓝方派遣了小股兵力对无人机实施了保护，并且滞留了两架"苍鹭"无人机在 D 空军基地待命，伺机而动。该阶段任务区配置及任务内容如附图 3-63 所示。

(6) 任务⑥——空中消耗（R73）：

任务介绍：蓝方需要无人机快速抵达战场。D 空军基地米格-29 战斗机会占用该机场"苍鹭"无人机的起飞跑道，而且根据我方任务安排，十六架米格-29 战斗机并不急于抵达南部作战区域，因此任务设置时，刻意将该任务触发延迟 3 分钟。

此任务的战略意图为：一方面，吸引地面 SA-10A 地空导弹营的火力，并迅速突击红方空中单位，拉近敌我作战空间，迫使红方米格-29 战斗机与我方短兵相接，削弱敌方"蜂蛇"空空导弹的射程优势。另一方面，吸引红方米格-29 战斗机的火力，为蓝方第二梯队挂载"杨树"空空导弹执行远程打击任务的米格-29 战斗机提供掩护，以确保其顺利实施打击。该阶段任务区配置及任务内容如附图 3-64 所示。

4. 备用方案

① 若红方没有驱使战斗机打击蓝方无人机，则任务①的米格-29 战斗机迅速转移至主战场，为蓝方对地打击任务提供有力支援。

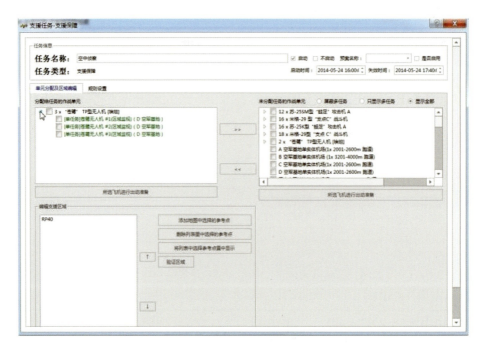

附图 3-63　任务⑤内容

附图 3-64　任务⑥内容

② 若红方米格-29 战斗机机群后撤至中部导弹营阵地的保护范围内,则蓝方停止进攻,确保与红方中部导弹营阵地保持安全距离。

③ 若空中交战失利,出现超出预计的大量伤亡,则全体后撤至我方腹地,及时止损。

④ 若对空交战取得优势,红方战斗机已经不具备继续作战的能力,则可以适当对红方中部湖边 SA-3C 进行打击,以扩大优势。

四、作战经过

根据任务规划和实际对抗情况,将对抗过程划分四个阶段进行描述和复盘。

(一) 防守集结阶段

蓝方将空中单位向南部集结,同时北方发现红方派遣一架战机试图打击蓝方无人机,蓝方派遣部分战机前往拦截。

在此阶段,蓝方发现红方开火后,立即将战机飞行速度调整为军用,降低高度,提高机动性,同时侧向移动,在不削弱战机机动性的前提下与对方战机拉开一定距离,降低对方导弹命中率。

此阶段蓝方无战机损失,破坏红方进攻意图后即返回,以南部主要作战目标为主,避免不必要的损失。

(二) 空中作战阶段

发现蓝方进攻意图后,红方派遣大量战机攻击蓝方南部集结战机,双方爆发激烈空战。

此阶段双方损失均惨重。由于大量飞机进行混战,无法对飞机进行有效操控,仅仅依靠巡逻区及警戒区对飞机大概位置进行控制,同时利用任务将飞机飞行速度调整为军用或加力,提高飞机机动性,尽量避免损失。该阶段蓝方利用部分战机尽力消耗了红方导弹,在红方弹药耗尽后蓝方发起攻击,基本将蓝方空中力量歼灭。

该阶段作战取得了显著成效,成功夺取制空权,为攻击机对南部 SA-10 地空导弹营实施对地打击奠定了基础。此阶段交战日志如附图 3-65 所示。

由附图 3-66 所示,红方防空导弹共对蓝方进行 14 次打击,命中 7 次,打击总命中率为 50%,共击落蓝方米格-29 战机 7 架。

(三) 对地打击阶段

蓝方对红方地空导弹营的行动路线进行了详尽的分析,因此迅速找到了红方地空导弹营的所处位置。在夺取制空权后,蓝方对红方两个 SA-10A 地空导弹营进行打击,成功将其消灭。在对第二个 SA-10A 地空导弹营进行打击时产生一定伤亡,交战日志如附图 3-67 所示,统计情况如附表 3-16、附图 3-68 所示。

此次进攻蓝方共损失三架苏-25K 型"蛙足"攻击机,两架苏-25SM 型"蛙足"攻击机,红方向蓝方发射的十枚导弹共命中五发,命中率为 50%。蓝方顺利将敌方 SA-10A 地空导弹营歼灭。

时间	日志
2014-05-24 16:23:30	武器:萨姆-10A型"雷声"防空导弹[5V55KD] #567正在攻击目标米格-29 #2 (米格-29 型"支点C"战斗机), 基准命中概率：75%. 命中概率(经目标速度修正)(1235.284 公里/小时)：75%. 米格-29 #2 目标基准机动系数：4.9, 高度修正：4.9. 训练水平修正(普通)：3.92. 飞机重量分数为0.41 - 机动系数修正为2.95. 机动系数(强转向攻击无影响). 命中概率(机动系数修正量)：-29%. 最终命中概率：46%. 结果：9 - 命中 武器高度：1613.821 目标高度：1586.92 爬升率（米/秒）：1005
2014-05-24 16:23:38	武器:萨姆-10A型"雷声"防空导弹[5V55KD] #563正在攻击目标苏-25K #11 (苏-25K型"蛙足"攻击机 A), 基准命中概率：75%. 命中概率(经目标速度修正)(933.408 公里/小时)：75%. 苏-25K #11 目标基准机动系数：3, 高度修正：3. 训练水平修正(普通)：2.4. 飞机重量分数为0.52 - 机动系数修正为1.65. 机动系数(后向攻击效应修正)：1.4. 命中概率(机动系数修正…
2014-05-24 16:23:16	武器:萨姆-10A型"雷声"防空导弹[5V55KD] #560正在攻击目标米格-29 #2 (米格-29 型"支点C"战斗机), 基准命中概率：75%. 命中概率(经目标速度修正)(1240.84 公里/小时)：75%. 米格-29 #2 目标基准机动系数：4.9, 高度修正：4.9. 训练水平修正(普通)：3.92. 飞机重量分数为0.42 - 机动系数修正为2.92. 机动系数(强转向攻击无影响). 命中概率(机动系数…
2014-05-24 16:23:28	武器:萨姆-10A型"雷声"防空导弹[5V55KD] #556正在攻击目标苏-25K #15 (苏-25K型"蛙足"攻击机 A), 基准命中概率：75%. 命中概率(经目标速度修正)(944.52 公里/小时)：75%. 苏-25K #15 目标基准机动系数：3, 高度修正：3. 训练水平修正(普通)：2.4. 飞机重量分数为0.52 - 机动系数修正为1.65. 机动系数(后向攻击效应修正)：1.4. 命中概率(机动系数修正量)：-14%. 最终命中概率：61%. 结果：85 - 脱靶
2014-05-24 16:22:43	武器:萨姆-10A型"雷声"防空导弹[5V55KD] #543正在攻击目标米格-29 #8 (米格-29 型"支点C"战斗机), 基准命中概率：75%. 命中概率(经目标速度修正)(1200.096 公里/小时)：75%. 米格-29 #8 目标基准机动系数：4.9, 高度修正：4.9. 训练水平修正(普通)：3.92. 飞机重量分数为0.46 - 机动系数修正为2.84. 机动系数(强转向攻击无影响). 命中概率(机动系数修正量)：-28%. 最终命中概率：47%. 结果：2 - 命中 武器高度：2079.477 目标高度：2090.92 爬升率（米/秒）：1005
2014-05-24 16:22:50	武器:萨姆-10A型"雷声"防空导弹[5V55KD] #542正在攻击目标米格-29 #11 (米格-29 型"支点C"战斗机), 基准命中概率：75%. 命中概率(经目标速度修正)(1237.136 公里/小时)：75%. 米格-29 #11 目标基准机动系数：4.9, 高度修正：4.9. 训练水平修正(普通)：3.92. 飞机重量分数为0.44 - 机动系数修正为2.88. 机动系数(后向攻击效应修正)：2.4. 命中概率(机动系数修正量)：-24%. 最终命中概率：51%. 结果：17 - 命中 武器高度：2108 目标高度：2080.92 爬升率（米/秒）：1005
2014-05-24 16:22:34	武器:萨姆-10A型"雷声"防空导弹[5V55KD] #541正在攻击目标米格-29 #8 (米格-29 型"支点C"战斗机), 基准命中概率：75%. 命中概率(经目标速度修正)(1218.616 公里/小时)：75%. 米格-29 #8 目标基准机动系数：4.9, 高度修正：4.9. 训练水平修正(普通)：3.92. 飞机重量分数为0.47 - 机动系数修正为2.82. 机动系数(后向攻击效应修正)：2.4. 命中概率(机动系数修正量)：-24%. 最终命中概率：51%. 结果：69 - 脱靶
2014-05-24 16:22:26	武器:萨姆-10A型"雷声"防空导弹[5V55KD] #540正在攻击目标米格-29 #16 (米格-29 型"支点C"战斗机), 基准命中概率：75%. 命中概率(经目标速度修正)(1220.468 公里/小时)：75%. 米格-29 #16 目标基准机动系数：4.9, 高度修正：4.9. 训练水平修正(普通)：3.92. 飞机重量分数为0.48 - 机动系数修正为2.79. 机动系数(强转向攻击无影响). 命中概率(机动系数修正量)：-28%. 最终命中概率：47%. 结果：72 - 脱靶
2014-05-24 16:22:25	武器:萨姆-10A型"雷声"防空导弹[5V55KD] #539正在攻击目标米格-29 #11 (米格-29 型"支点C"战斗机), 基准命中概率：75%. 命中概率(经目标速度修正)(1240.84 公里/小时)：75%. 米格-29 #11 目标基准机动系数：4.9, 高度修正：4.9. 训练水平修正(普通)：3.92. 飞机重量分数为0.47 - 机动系数修正为2.83. 机动系数(尾追攻击效应修正)：1.4. 命中概率(机动系数修正量)：-14%. 最终命中概率：61%. 结果：70 - 脱靶
2014-05-24 16:22:23	武器:萨姆-10A型"雷声"防空导弹[5V55KD] #538正在攻击目标米格-29 #9 (米格-29 型"支点C"战斗机), 基准命中概率：75%. 命中概率(经目标速度修正)(1240.84 公里/小时)：75%. 米格-29 #9 目标基准机动系数：4.9, 高度修正：4.9. 训练水平修正(普通)：3.92. 飞机重量分数为0.47 - 机动系数修正为2.82. 机动系数(后向攻击效应修正)：2.4. 命中概率(机动系数修正量)：-24%. 最终命中概率：51%. 结果：56 - 脱靶
2014-05-24 16:22:07	武器:萨姆-10A型"雷声"防空导弹[5V55KD] #535正在攻击目标米格-29 #6 (米格-29 型"支点C"战斗机), 基准命中概率：75%. 命中概率(经目标速度修正)(1235.284 公里/小时)：75%. 米格-29 #6 目标基准机动系数：4.9, 高度修正：4.9. 训练水平修正(普通)：3.92. 飞机重量分数为0.48 - 机动系数修正为2.78. 机动系数(后向攻击效应修正)：2.4. 命中概率(机动系数修正量)：-24%. 最终命中概率：51%. 结果：17 - 命中 武器高度：2011.102 目标高度：1900.92 爬升率（米/秒）：1005
2014-05-24 16:21:58	武器:萨姆-10A型"雷声"防空导弹[5V55KD] #532正在攻击目标米格-29 #8 (米格-29 型"支点C"战斗机), 基准命中概率：75%. 命中概率(经目标速度修正)(1237.136 公里/小时)：75%. 米格-29 #8 目标基准机动系数：4.9, 高度修正：4.9. 训练水平修正(普通)：3.92. 飞机重量分数为0.5 - 机动系数修正为2.74. 机动系数(后向攻击效应修正)：2.3. 命中概率(机动系数修正量)：-23%. 最终命中概率：52%. 结果：84 - 脱靶
2014-05-24 16:22:02	武器:萨姆-10A型"雷声"防空导弹[5V55KD] #530正在攻击目标米格-29 #9 (米格-29 型"支点C"战斗机), 基准命中概率：75%. 命中概率(经目标速度修正)(1240.84 公里/小时)：75%. 米格-29 #9 目标基准机动系数：4.9, 高度修正：4.9. 训练水平修正(普通)：3.92. 飞机重量分数为0.49 - 机动系数修正为2.77. 机动系数(后向攻击效应修正)：2.4. 命中概率(机动系数修正量)：-24%. 最终命中概率：51%. 结果：98 - 脱靶
2014-05-24 16:21:46	武器:萨姆-10A型"雷声"防空导弹[5V55KD] #523正在攻击目标米格-29 #10 (米格-29 型"支点C"战斗机), 基准命中概率：75%. 命中概率(经目标速度修正)(1389 公里/小时)：75%. 米格-29 #10 目标基准机动系数：4.9, 高度修正：3.9. 训练水平修正(普通)：3.12. 飞机重量分数为0.51 - 机动系数修正为2.16. 机动系数(后向攻击效应修正)：1.8. 命中概率(机动系数修正量)：-18%. 最终命中概率：57%. 结果：53 - 命中 武器高度：6293.778 目标高度：5346.774 爬升率（米/秒）：1005
2014-05-24 16:21:45	武器:萨姆-10A型"雷声"防空导弹[5V55KD] #521正在攻击目标米格-29 #7 (米格-29 型"支点C"战斗机), 基准命中概率：75%. 命中概率(经目标速度修正)(1407.52 公里/小时)：75%. 米格-29 #7 目标基准机动系数：4.9, 高度修正：3.6. 训练水平修正(普通)：2.88. 飞机重量分数为0.51 - 机动系数修正为1.99. 机动系数(后向攻击效应修正)：1.7. 命中概率(机动系数修正量)：-17%. 最终命中概率：58%. 结果：38 - 命中 武器高度：6758.793 目标高度：5778.875 爬升率（米/秒）：1005
2014-05-24 16:21:43	武器:萨姆-10A型"雷声"防空导弹[5V55KD] #519正在攻击目标米格-29 #3 (米格-29 型"支点C"战斗机), 基准命中概率：75%. 命中概率(经目标速度修正)(1444.56 公里/小时)：75%. 米格-29 #3 目标基准机动系数：4.9, 高度修正：2.4. 训练水平修正(普通)：2.4. 飞机重量分数为0.51 - 机动系数修正为1.66. 机动系数(尾追攻击效应修正)：0.8. 命中概率(机动系数修正量)：-8%. 最终命中概率：67%. 结果：3 - 命中 武器高度：7743.86 目标高度：6648.183 爬升率（米/秒）：1005

附图 3-65　空中作战阶段日志

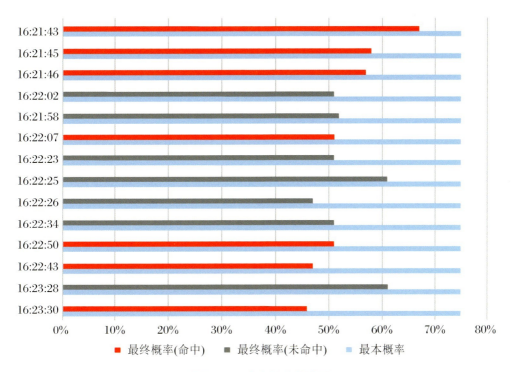

附图 3-66 命中概率统计图

附表 3-16 概率统计表

时间	进攻	防御	基本概率	最终概率	随机数	结果
16:41:46	萨姆-10A 型"雷声"防空导弹	苏-25SM 型"蛙足"攻击机	75%	58%	87	脱靶
16:41:40	萨姆-11A 型"雷声"防空导弹	苏-25SM 型"蛙足"攻击机	75%	66%	64	命中
16:39:46	萨姆-12A 型"雷声"防空导弹	苏-25SM 型"蛙足"攻击机	75%	61%	82	脱靶
16:39:42	萨姆-13A 型"雷声"防空导弹	苏-25SM 型"蛙足"攻击机	75%	59%	10	命中
16:39:19	萨姆-14A 型"雷声"防空导弹	苏-25SM 型"蛙足"攻击机	75%	59%	97	脱靶
16:39:10	萨姆-15A 型"雷声"防空导弹	苏-25K 型"蛙足"攻击机 A	75%	57%	27	命中
16:38:59	萨姆-16A 型"雷声"防空导弹	苏-25K 型"蛙足"攻击机 A	75%	60%	89	脱靶

续表

时间	进攻	防御	基本概率	最终概率	随机数	结果
16：38：43	萨姆-17A 型"雷声"防空导弹	苏-25K 型"蛙足"攻击机 A	75%	57%	33	命中
16：38：33	萨姆-18A 型"雷声"防空导弹	苏-25K 型"蛙足"攻击机 A	75%	60%	37	命中
16：38：38	萨姆-19A 型"雷声"防空导弹	苏-25K 型"蛙足"攻击机 A	75%	57%	68	脱靶

2014-05-24 16:41:46	武器: 萨姆-10A型 "雷声" 防空导弹[5V55KD] #713正在攻击目标苏-25 SM型 "蛙足" 攻击机 (A空军基地) #3 (苏-25SM型 "蛙足" 攻击机 A) , 基准命中概率：75%. 命中概率(经目标速度修正)(885.256 公里/小时): 75%. 苏-25 SM型 "蛙足" 攻击机 (A空军基地) #3 目标基准机动系数: 3, 高度修正: 3, 训练水平修正(普通): 2.4. 飞机重量分数为0.52 - 机动系数修正为 1.65. 机动系数(强转向攻击无影响). 命中概率(机动系数修正量): -17%. 最终命中概率: 58%. 结果: 87 - 脱靶
2014-05-24 16:41:40	武器: 萨姆-10A型 "雷声" 防空导弹[5V55KD] #711正在攻击目标苏-25 SM型 "蛙足" 攻击机 (A空军基地) #5 (苏-25SM型 "蛙足" 攻击机 A) , 基准命中概率：75%. 命中概率(经目标速度修正)(913.036 公里/小时): 75%. 苏-25 SM型 "蛙足" 攻击机 (A空军基地) #5 目标基准机动系数: 3, 高度修正: 3, 训练水平修正(普通): 2.4. 飞机重量分数为0.48 - 机动系数修正为 1.71. 机动系数(强迫攻击效应修正): 0.9. 命中概率(机动系数修正量): -9%. 最终命中概率: 66%. 结果: 64 - 命中 武器高度: 2050.181 目标高度: 1799.138 爬升率 (米/秒): 1005
2014-05-24 16:39:46	武器: 萨姆-10A型 "雷声" 防空导弹[5V55KD] #709正在攻击目标苏-25 SM型 "蛙足" 攻击机 (A空军基地) #11 (苏-25SM型 "蛙足" 攻击机 A) , 基准命中概率：75%. 命中概率(经目标速度修正)(926 公里/小时): 75%. 苏-25 SM型 "蛙足" 攻击机 (A空军基地) #11 目标基准机动系数: 3, 高度修正: 3, 训练水平修正(普通): 2.4. 飞机重量分数为0.5 - 机动系数修正为 1.68. 机动系数(后向攻击效应修正): 1.4. 命中概率(机动系数修正量): -14%. 最终命中概率: 61%. 结果: 82 - 脱靶
2014-05-24 16:39:42	武器: 萨姆-10A型 "雷声" 防空导弹[5V55KD] #708正在攻击目标苏-25 SM型 "蛙足" 攻击机 (A空军基地) #4 目标基准机动系数: 3, 高度修正: 3, 训练水平修正(普通): 2.4. 飞机重量分数为0.54 - 机动系数修正为 1.62. 机动系数(强转向攻击无影响). 命中概率(机动系数修正量): -16%. 最终命中概率: 59%. 结果: 10 - 命中 武器高度: 1674.733 目标高度: 1561.92 爬升率 (米/秒): 1005
2014-05-24 16:39:19	武器: 萨姆-10A型 "雷声" 防空导弹[5V55KD] #706正在攻击目标苏-25 SM型 "蛙足" 攻击机 (A空军基地) #3 (苏-25SM型 "蛙足" 攻击机 A) , 基准命中概率：75%. 命中概率(经目标速度修正)(920.444 公里/小时): 75%. 苏-25 SM型 "蛙足" 攻击机 (A空军基地) #3 目标基准机动系数: 3, 高度修正: 3, 训练水平修正(普通): 2.4. 飞机重量分数为0.54 - 机动系数修正为 1.62. 机动系数(强转向攻击无影响). 命中概率(机动系数修正量): -16%. 最终命中概率: 59%. 结果: 97 - 脱靶
2014-05-24 16:39:10	武器: 萨姆-10A型 "雷声" 防空导弹[5V55KD] #705正在攻击目标苏-25 #1 (苏-25K型 "蛙足" 攻击机 A) , 基准命中概率：75%. 命中概率(经目标速度修正)(933.408 公里/小时): 75%. 苏-25K #1 目标基准机动系数: 3, 训练水平修正(普通): 2.4. 飞机重量分数为1.85. 机动系数(强转向攻击无影响). 命中概率(机动系数修正量): -18%. 最终命中概率: 57%. 结果: 27 - 命中 武器高度: 1173.751 目标高度: 1169.92 爬升率 (米/秒): 1005
2014-05-24 16:38:59	武器: 萨姆-10A型 "雷声" 防空导弹[5V55KD] #703正在攻击目标苏-25 #14 (苏-25K型 "蛙足" 攻击机 A) , 基准命中概率：75%. 命中概率(经目标速度修正)(926 公里/小时): 75%. 苏-25K #14 目标基准机动系数: 3, 高度修正: 3, 训练水平修正(普通): 2.4. 飞机重量分数为0.4 - 机动系数修正为 1.82. 机动系数(后向攻击效应修正): 1.5. 命中概率(机动系数修正量): -15%. 最终命中概率: 60%. 结果: 89 - 脱靶
2014-05-24 16:38:43	武器: 萨姆-10A型 "雷声" 防空导弹[5V55KD] #702正在攻击目标苏-25 #5 (苏-25K型 "蛙足" 攻击机 A) , 基准命中概率：75%. 命中概率(经目标速度修正)(916.74 公里/小时): 75%. 苏-25K #5 目标基准机动系数: 3, 高度修正: 3, 训练水平修正(普通): 2.4. 飞机重量分数为0.39 - 机动系数修正为 1.82. 机动系数(后向攻击效应修正): 1.5. 命中概率(机动系数修正量): -18%. 最终命中概率: 57%. 结果: 33 - 命中 武器高度: 716.3901 目标高度: 748.92 爬升率 (米/秒): 1005
2014-05-24 16:38:33	武器: 萨姆-10A型 "雷声" 防空导弹[5V55KD] #701正在攻击目标苏-25 #9 (苏-25K型 "蛙足" 攻击机 A) , 基准命中概率：75%. 命中概率(经目标速度修正)(918.592 公里/小时): 75%. 苏-25K #9 目标基准机动系数: 3, 高度修正: 3, 训练水平修正(普通): 2.4. 飞机重量分数为0.4 - 机动系数修正为 1.82. 机动系数(后向攻击效应修正): 1.5. 命中概率(机动系数修正量): -15%. 最终命中概率: 60%. 结果: 37 - 命中 武器高度: 684.3229 目标高度: 667.92 爬升率 (米/秒): 1005
2014-05-24 16:38:38	武器: 萨姆-10A型 "雷声" 防空导弹[5V55KD] #700正在攻击目标苏-25 #7 (苏-25K型 "蛙足" 攻击机 A) , 基准命中概率：75%. 命中概率(经目标速度修正)(901.924 公里/小时): 75%. 苏-25K #7 目标基准机动系数: 3, 高度修正: 3, 训练水平修正(普通): 2.4. 飞机重量分数为0.39 - 机动系数修正为 1.84. 机动系数(强转向攻击无影响). 命中概率(机动系数修正量): -18%. 最终命中概率: 57%. 结果: 68 - 脱靶

附图 3-67 对地打击阶段交战日志

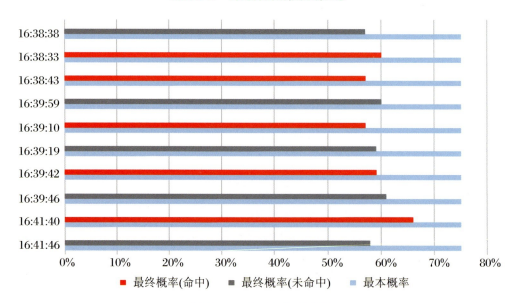

附图 3-68 命中概率统计图

（四）防守撤退阶段

红方此时已经没有强力的对空作战单元，仅存几架苏-25 攻击机，因此此阶段蓝方为扩大战果，派遣攻击机对红方中部 SA-3C 地空导弹营实施打击。

在此阶段作战中蓝方根据实际情况灵活应变，在判明敌我双方情况后立刻下定作战决心，是险中求胜的一次进攻。此阶段双方互有损失，但蓝方略占优势。这是一次成功的尝试。防守撤退阶段交战日志如附图 3-69 所示。

2014-05-24 16:58:33	武器：SA-3c 型"果阿"防空导弹[5V27D, V-601PD] #749 正在攻击目标米格-29战斗机(C空军基地) #05 (米格-29型"支点 C"战斗机)，基准命中概率：45%。命中概率(经目标速度修正)(1246.396 公里/小时)：35%。米格-29战斗机(C空军基地) #05 目标基准机动系数：4.9，高度修正：4.9，训练水平修正(普通)：3.92。飞机重量分数为 0.17，机动系数修正为 3.52，机动系数(尾追攻击效应修正)：1.8。命中概率(机动系数修正量)：-18%，最终命中概率：17%，结果：25，脱靶
2014-05-24 16:58:21	武器：SA-3c 型"果阿"防空导弹[5V27D, V-601PD] #747 正在攻击目标米格-29战斗机(C空军基地) #05 (米格-29型"支点 C"战斗机)，基准命中概率：45%。命中概率(经目标速度修正)(1259.36 公里/小时)：35%。米格-29战斗机(C空军基地) #05 目标基准机动系数：4.9，高度修正：4.9，训练水平修正(普通)：3.92。飞机重量分数为 0.17，机动系数修正为 3.51，机动系数(后向攻击效应修正)：3。命中概率(机动系数修正量)：-30%，最终命中概率：5%，结果：57，脱靶
2014-05-24 16:58:16	武器：SA-3c 型"果阿"防空导弹[5V27D, V-601PD] #746 正在攻击目标米格-29战斗机(C空军基地) #05 (米格-29型"支点 C"战斗机)，基准命中概率：45%。命中概率(经目标速度修正)(1288.992 公里/小时)：35%。米格-29战斗机(C空军基地) #05 目标基准机动系数：4.9，高度修正：4.7，训练水平修正(普通)：3.76。飞机重量分数为 0.18，机动系数修正为 3.36，机动系数(尾追攻击效应修正)：1.7。命中概率(机动系数修正量)：-17%，最终命中概率：18%，高度为：967.0393，大于武器爬升率500，脱靶
2014-05-24 16:57:45	武器：SA-3c 型"果阿"防空导弹[5V27D, V-601PD] #742 正在攻击目标苏-25 SM 型"蛙足"攻击机（A空军基地）#12 (苏-25SM型"蛙足"攻击机 A)，基准命中概率：45%。命中概率(经目标速度修正)(663.016 公里/小时)：45%。苏-25 SM型"蛙足"攻击机（A空军基地）#12 目标基准机动系数：3，高度修正：3，训练水平修正(普通)：2.4。飞机重量分数为 0.28，机动系数修正为 1.99，机动系数(尾退攻击效应修正)：1。命中概率(机动系数修正量)：-10%，最终命中概率：35%，结果：1，命中，武器高度：2184.404 目标高度：2185.1，爬升率（米/秒）：500
2014-05-24 16:57:23	武器：SA-3c 型"果阿"防空导弹[5V27D, V-601PD] #739 正在攻击目标苏-25 SM型"蛙足"攻击机（A空军基地）#12 (苏-25SM型"蛙足"攻击机 A)，基准命中概率：45%。命中概率(经目标速度修正)(685.24 公里/小时)：45%。苏-25 SM型"蛙足"攻击机（A空军基地）#12 目标基准机动系数：3，高度修正：3，训练水平修正(普通)：2.4。飞机重量分数为 0.39，机动系数修正为 1.84，机动系数(迎头攻击效应修正)：1.1。命中概率(机动系数修正量)：-11%，最终命中概率：34%，结果：98，脱靶

附图 3-69 防守撤退阶段

如表 3-17 及附图 3-70 所示，此次交战红方 5 发 SA-5C 型"果阿"防空导弹共击落蓝方 1 架苏-25SM 型"蛙足"攻击机，命中率为 20%。根据概率统计表可以看出，该次蓝方损失较小的原因是红方所使用的导弹基本概率较低，不易命中。

附表 3-17 概率统计表

时间	进攻	防御	基本概率	最终概率	随机数	结果
16:58:33	SA-3C 型"果阿"防空导弹	米格-29 型"支点 C"战斗机	45%	17%	25	脱靶
16:58:21	SA-4C 型"果阿"防空导弹	苏-25K 型"蛙足"攻击机 A	45%	5%	57	脱靶
16:58:16	SA-5C 型"果阿"防空导弹	米格-29 型"支点 C"战斗机	45%	18%		脱靶
16:57:45	SA-6C 型"果阿"防空导弹	米格-29 型"支点 C"战斗机	45%	18%	1	命中
16:57:23	SA-7C 型"果阿"防空导弹	苏-25SM 型"蛙足"攻击机	45%	34%	98	脱靶

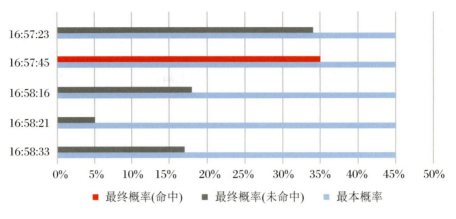

附图 3-70　命中概率统计图

五、经验总结

通过对本局推演过程进行反复复盘,总结如下:

(一) 优点

1. 规划清晰,目的明确

在任务制定中,蓝方思路清晰,在明确了打击红方南部导弹营的目标后,制定了一整套完备的作战方案,并且充分分析了红方可能采用的战术,且制定了相应的应对方法,并针对此制定了灵活的应对方案,即便是作战失败也能够及时止损。

正所谓"知己知彼,百战百胜",蓝方通过对红方地空导弹营初始位置、行驶速度以及行驶路线的详尽分析,大大缩短了搜索时间,确保了闪电战的有效实施。

2. 充分发挥己方优势

1946 年 9 月 16 日,中共中央军事委员会发出《集中优势兵力,各个歼灭敌人》的指示,指出:"这是战胜敌人的主要作战方法,不但应用于战役而且应用于战术的部署,以求全歼、速决。集中优势兵力、各个歼灭敌人的作战方法是我军从开始建军起十余年以来的优良传统,是我军一直以来克敌制胜的法宝。"

本场推演中,蓝方迅速集结了数倍于红方的空中力量对主要目标进行打击,充分发挥了蓝方的兵力优势,取得了良好的效果。

3. 武器装备性能分析到位

"多算胜,少算不胜"(出自《孙子兵法》)。本次推演中,蓝方通过详细分析双方各种武器装备的性能水平,护强补弱,充分发挥了各种不同挂载的优势,在空战中能够扬长避短,根据各种武器装备的不同攻击距离和性能设置梯队,合理利用攻击角度、飞行高度、速度,有条理地实施打击与作战任务。

4. 运用心理战

红方指挥员精力有限,战场指挥不可能面面俱到,因此蓝方中部的 SA-5C 选择在混战开始时开火,打得红方措手不及,使红方指挥员不能及时使用苏-25 的反辐射导弹进行反制。

(二) 缺点

1. 用牺牲换取胜利

本次推演最大的缺点在于虽然取得了胜利,但蓝方人员伤亡非常惨重。在电影《坂上之云》中,秋山真之说过这样一句话:"我们指挥官的身上肩负着全部乘员的生命,我们判断上的一个失误,就可能造成无谓的流血牺牲。"

虽然这只是一场推演,但如果是在真实战场上,这都是一个个鲜活的生命!因此,尽可能地减少伤亡是指挥员的主要职责。但这套作战方案不可避免地会造成大量伤亡,这是需要检讨的地方。

2. 势头勇猛,但后劲不足

西方"兵圣"克劳塞维茨的《战争论》中的顶点理论认为:"胜利常常而且在大多数情况下都有一个顶点。"这个"顶点"主要指的是作战强度和作战限度。由于顶点的存在,发起进攻的强者到达顶点后,便会逐渐由强变弱;防御的弱者,若在作战中注意积聚力量,将可能逐渐由弱变强。尽管闪击战的突然性和高速度带来了前所未有的冲击力,但毕竟这个冲击力有极限,终究有顶点。战争的最终胜负并不单取决于冲击力,还包括许多其他方面的要素。

因此,如果红方战机相对保守,依托中部 SA-10A 导弹营阵地进行防守反击,待蓝方中部战机被南部导弹营消耗大半后再发起猛攻,蓝方便很可能难以招架,这套方案相对而言还是过于冒进。但不可否认,在武器装备出现代差的战役中,这是一个可行的解决方案。

(三) 方案改进

① 在打击完北侧的 SA-10A 后,由于蓝方主要精力放在了空空交战上,并没有顺势立即搜索南侧的 SA-10A 并进行打击,拖慢了进攻节奏。下一步应当加强各任务间的衔接,以求将闪电战的优势最大化。

② 最后扩大战果时,可以使用米格-29 进行护航,尽可能地避免伤亡。

③ 直至推演结束,蓝方还有四架"苍鹭"无人机没有起飞。其实可以在第一架无人机飞行过半以后就起飞,第二架无人机进行持续接力侦察,以防止中期无人机被红方强行击落而导致无法侦察红方地空导弹营的确切方位。

④ 在南部空战"消耗"这一步上,蓝方未控制好安全距离,未提前预判及时调整战机飞行速度,应当在发现红方攻击意图时尽快增大诱饵战机的飞行速度,提高飞机机动性,同时战机后撤,适当拉开距离,降低红方导弹命中率。